# ローマ教皇フランシスコ守護霊の霊言

## コロナ・パンデミックによるバチカンの苦悶《くもん》を語る

大川隆法
RYUHO OKAWA

# まえがき

今年は、本当に宗教者にとって試練の年にもなったと思う。

年初は、米軍によるイランのソレイマニ司令官暗殺で、中東戦争が迫ったかと思えた。その後、あっというまに、中国・武漢《ぶかん》発のコロナウィルス感染が、全世界に広がり、現時点で、数百万人の感染者と数十万人の死者が公式に認められている。

今日現在では、日本は国会で一人十万円支給することを決め、緊急事態宣言は解除の見通しが立っていない。

フィリピンでは、都市の「ロックダウン」により、貧しい人たちは仕事もなく飢え死にし、ボランティアで炊《た》き出しをしていたカトリック教会の関係者も、警官隊に、追い立てられているという。

本書はローマ教皇フランシスコ守護霊の苦悩ぶりを浮き彫《ぼ》りにしている。考え方の教材として、世界の人々に提供したい。

二〇二〇年　五月一日

幸福《こうふく》の科学《かがく》グループ創始者兼総裁《そうししゃけんそうさい》　大川隆法《おおかわりゅうほう》

# ローマ教皇フランシスコ守護霊の霊言　目次

# 第一部　コロナ・パンデミックによるバチカンの苦悶《くもん》を語る

## 第1章　「イエスの心が分からない苦しみ」と「弱者への思い」

――ローマ教皇守護霊《しゅごれい》の霊言《れいげん》――

二〇二〇年四月二十五日　収録
幸福の科学　特別説法堂《せっぽうどう》にて

## 6 ローマ教皇守護霊の見識の限界 90

# 第2章　「イエス・キリストの霊言」への疑念について

――ローマ教皇守護霊の霊言――

二〇二〇年四月二十五日　収録

幸福の科学　特別説法堂にて

## 〈付録〉遠藤周作《えんどうしゅうさく》の霊言

二〇二〇年四月二十五日　収録
幸福の科学　特別説法堂にて

# 第二部　その人柄《ひとがら》と本心を探《さぐ》る

――ローマ教皇守護霊の霊言――

二〇二〇年一月十四日　収録
幸福の科学 特別説法堂にて

## 2　軍事政権下を生き延びた経験から来る発想　223

## 5 過去世《かこぜ》や中東問題、トランプ大統領への見解 271

## 6 日本人へのメッセージ 292

# 第一部　コロナ・パンデミックによるバチカンの苦悶《くもん》を語る

「霊言現象《れいげん》」とは、あの世の霊存在の言葉を語り下ろす現象のことをいう。これは高度な悟《さと》りを開いた者に特有のものであり、「霊媒現象《れいばい》」（トランス状態になって意識を失い、霊が一方的にしゃべる現象）とは異なる。外国人霊の霊言の場合には、霊言現象を行う者の言語中枢《ちゅうすう》から、必要な言葉を選び出し、日本語で語ることも可能である。

また、人間の魂《たましい》は原則として六人のグループからなり、あの世に残っている「魂のきょうだい」の一人が守護霊《しゅごれい》を務めている。つまり、守護霊は、実は自分自身の魂の一部である。したがって、「守護霊の霊言」とは、いわば本人の潜在《せんざい》意識にアクセスしたものであり、その内容は、その人が潜在意識で考えていること（本心）と考えてよい。

なお、「霊言」は、あくまでも霊人《れいじん》の意見であり、幸福の科学グループとしての見解と矛盾《むじゅん》する内容を含《ふく》む場合がある点、付記しておきたい。

# 第1章　「イエスの心が分からない苦しみ」と「弱者への思い」

## ――ローマ教皇守護霊《しゅごれい》の霊言《れいげん》――

二〇二〇年四月二十五日　収録

幸福の科学　特別説法堂《せっぽうどう》にて

フランシスコ（一九三六～）

第二百六十六代ローマ教皇。アルゼンチン・ブエノスアイレス生まれ。本名はホルヘ・マリオ・ベルゴリオ。二〇一三年、ベネディクト十六世が生前退位を選んだことに伴《ともな》い、教皇に選出された。質素で謙虚《けんきょ》な人物として知られ、教皇名も、清貧を説いたアッシジの聖フランチェスコにちなむ。イエズス会出身で、ラテンアメリカ出身初の教皇でもある。

質問者

磯野将之《いそのまさゆき》（幸福の科学理事 兼《けん》 宗務《しゅうむ》本部海外伝道推進室長 兼 第一秘書局担当局長）

吉井利光《よしいとしみつ》（幸福の科学宗務本部国際政治局部長）

大川紫央《おおかわしお》（幸福の科学総裁補佐《ほさ》）

小林早賢《こばやしそうけん》（幸福の科学常務理事 兼 総合誌編集局長 兼「ザ・リバティ」編集長）

市川和博《いちかわかずひろ》（幸福の科学専務理事 兼 国際本部長）

［質問順。役職は収録時点のもの］

# １　イエスの心をつかみかねているローマ教皇守護霊《しゅごれい》

## 現在のイエス・キリストの考えに戸惑《とまど》うローマ教皇守護霊

大川隆法　それでは、現ローマ教皇フランシスコ猊下《げいか》をお呼びいたしまして、そのご意見を伺《うかが》いたいと思います。今日は、向こうからお出《い》でになりました。

第二百六十六代ローマ教皇フランシスコ様。どうぞ、ご意見を下さいますよう、お願い申し上げます。

（約五秒間の沈黙《ちんもく》）

ローマ教皇守護霊　うーん……。ああ、うん。

磯野　こんにちは。

ローマ教皇守護霊　ああ……。

磯野　パパ様（教皇のラテン語・イタリア語読み）、フランシスコ教皇の守護霊様でいらっしゃいますでしょうか。

ローマ教皇守護霊　ああ、あのね、●イエス・キリストのね、今日の霊言《れいげん》の原稿《げんこう》は、本にしてもうすぐ出されるんでしょうね。

磯野　はい、そうです。

●イエス・キリストのね……　本霊言収録日の午前中に、大川隆法総裁は、『イエス・キリストはコロナ・パンデミックをこう考える』（幸福の科学出版刊）の校閲を行っていた。

ローマ教皇守護霊　この私の考えとあまりに違《ちが》うので、困っているんですが……。はあ……（ため息）、困っているんですけど。

磯野　どういった点がお困りでしょうか。

ローマ教皇守護霊　私は中国に行って、武漢《ぶかん》の人たちのためにお祈《いの》りをするつもりでいるのに、イエスが違うことをおっしゃっていらした。

私たちは、キリスト教者ではないんだろうか。

磯野　いえ。パパ様が武漢に行かれるという報道もございますけれども、武漢に行かれて、どういったメッセージを世界に向けて発信されるのでしょうか。

ローマ教皇守護霊　いや、それは、広島で原爆《げんばく》の被害《ひがい》に遭《あ》った方に対する祈りと同じものです。尊い命を失った方々の冥福《めいふく》を祈って、世界の平和を祈るつもりなので。

あのイエスは、「本当のイエス」なのでしょうか。はあ……（ため息）。困る。イエスは、「中国がウィルス兵器をつくって、世界を混乱に陥《おとし》れている」とのたまい、アメリカが、ヨーロッパが、中国を許さないことを望んでいるかのような発言をされていました。私たちの信じているイエスとは違う。

（約五秒間の沈黙）私たちのイエスは、争いを好まない。戦争を好まない。平和を望む。中国の人々も許す。アメリカは好戦的で受け入れられない。それが「イエスの心」だと、私は思ってきました。

## コロナ感染《かんせん》でカトリック国に大きな被害《ひがい》が出ていることへの苦悩《くのう》

磯野　確かに、イエス様は、弱者、貧しい人のために祈り、その人たちを救うために活動していらっしゃいます。その一方で、既存《きそん》の権力に対しては立ち向かわれて、戦われるところもあると存じます。

　このたび、イエス様が幸福の科学にご降臨《こうりん》くださいまして、コロナ・パンデミックについて、さまざまにメッセージを降ろしてくださいました。それが、先ほど教皇の守護霊様もおっしゃったように、書籍《しょせき》として発刊されますけれども、教皇の守護霊様は、今回のコロナ・パンデミックがどういった経緯《けいい》で発生したとお考えになりますでしょうか。

**ローマ教皇守護霊**　うん。それは、争いを好み、暴力を好み、強者が弱者を痛めつける、この世の中に対する「神の警告」のはずです。

**磯野**　つまり、今回のコロナ・パンデミックというものは、「弱者を痛めつける為《い》政者《せいしゃ》を戒《いまし》めるために、天が降ろされた罰《ばつ》」であるとお考えだということでしょうか。

**ローマ教皇守護霊**　そうです。

磯野　現在、中国から発生した新型コロナ感染《かんせん》が全世界的に広がりまして、パパ様がご指導していらっしゃいますキリスト教国、特にカトリック国におきましても大きな被害《ひがい》が出て、数多くの方が感染され、数多くの方がお亡《な》くなりになっています。

ローマ教皇守護霊　どうしてイタリアに入るのか、分からない。私が毎日祈っているのに、どうして……、イエスは聞いてくださらない。分からない、分からない。私が祈っているのに、どうしてイタリアがあんなに、スペインがあんなに、フランスがあんなに、死んでいくのか。分からない！　分からない、分からない、はあ……（ため息）。分からない。神は沈黙を守っておられる。分からない。

磯野　今、幸福の科学にお越《こ》しくださっているのは、教皇の守護霊様でいらっしゃると思いますので、お分かりになる範囲《はんい》でお教えいただきたいのですが、地上において、フランシスコ教皇がイエス様、主に対して祈られたときに、その祈りはどういったところにつながっているのでしょうか。

**ローマ教皇守護霊**　まあ、イエスは、もう神ですから。神はもう、人間の世界からの声は聞いておられないと思って、「神の心」を忖度《そんたく》して、私がお伝えしているつもりでいたのですが。はあ……（息を吐《は》く）、どうして、こんなにひどいことが起きるのかが分からない。はあ……（ため息）、分からない。

アメリカだけなら分かるんです。アメリカは間違っていると思うから。今、神罰が落ちてもおかしくない。でも、ヨーロッパがみんなこうなるのは分からない。納得《なっとく》がいかない。そして、アフリカにも広がって、中東にも広がって……。分からない！　分からない。

中国は被害者なのに、いちばんの被害者なのに、みんなが中国を責めるのも分からない。

## 2　中国との和解を進め、平和を目指す

### 「中国の指導部と交流し、平和裡《り》に和解工作を進めたい」

吉井　本日はありがとうございます。教皇の守護霊様は、どうして中国が被害者《ひがいしゃ》だと思われるのでしょうか?

ローマ教皇守護霊　いちばん最初に、この未知なるウィルスの「攻撃《こうげき》」を受けて、大勢の人が、無垢《むく》の、無辜《むこ》の人たちが亡《な》くなった。そして、武漢《ぶかん》が閉鎖《へいさ》されて、二カ月以上、三カ月も不自由な生活を余儀《よぎ》なくされて苦しみ抜《ぬ》いた方々は、もう十分に慰《なぐさ》められなくてはいけない。

吉井　今、「中国が攻撃を受けた」とおっしゃいましたが、それは、どちらからの攻撃だとお考えになっているのでしょうか。

ローマ教皇守護霊　日本やアメリカや英国や、そうした国々です。

吉井　それは、カトリック国ではなくて、いわゆるプロテスタントやイギリス国教会など、「教えが違《ちが》う国々からの攻撃」ということでしょうか。どうして、そのように強く思われるのでしょうか。

ローマ教皇守護霊　はあ……、はあ……（息を吐《は》く）。中国に地下のキリスト教徒が増えているから、それを救い出そうと思っていて、今、中国との和解を進めているところなのに、「憎《にく》しみ」を煽《あお》られたら、それができなくなるのですけど。どうして対立するのかな、分からない。

磯野　今、教皇の守護霊様がおっしゃいましたように、中国国内には、地下教会で活動する一億人の信者がいるとも報道されています。そうした方々を救済したいという教皇の守護霊様の願いを聞かせていただきましたが、中国のキリスト教徒を導くのが、ローマ・カトリック、すなわち教皇でいらっしゃるのか、それとも、中国共産党が任命する司教によるものなのかということは、信仰《しんこう》においては重要な論点かと存じます。教皇の守護霊様は、この点についてはどのようなお考えをお持ちでしょうか。

ローマ教皇守護霊　中国は、民主主義の国ではありません。これをもって、欧米《おうべい》のキリスト教の国の政治家たちは、中国を間違っていると責めています。

しかし、私たちの思うところ、キリスト教は民主主義ではありません。キリスト教は神を頂点とし、イエスを〝議長〟としたヒエラルキーのなかにあります。だから、キリスト教の教えは、民主主義の教えではありません。だから、民主主義だけをもって、異端《いたん》・邪教《じゃきょう》を邪説にするのは、間違っていると思います。

**磯野**　ローマ・カトリックもそうですけれども、宗教が神様を頂点としているという点につきましては、私も賛成させていただきます。

ただ、一点、問題なのが、「神の声」をお伝えになるのが、教会の長《ちょう》であられる「教皇」なのか、それとも、唯物論《ゆいぶつろん》・無神論、すなわち信仰というものを否定する「中国共産党」なのかということです。

中国であれば、習近平《しゅうきんぺい》国家主席が、ある意味で〝教皇の代わり〟になって、そうした信仰を持っている方々を自分の思いどおりにコントロールしようとしているのが実情ではないかと思います。こうした実情を、どのようにご覧になっていますでしょうか。

ローマ教皇守護霊　たぶん、習近平氏は〝中国の神〟なのでしょう。十四億人を〝信者〟にするつもりでいるのでしょう。ただ、そのなかにはクリスチャンもいますから。クリスチャンは、習近平の指導に従うのか、キリスト教の神の教えに従うのか、心が引き裂《さ》かれているはずです。だから、私は「中国の指導部とも交流し、平和裡《り》に和解工作を進めたい」と思っているのに、プロテスタント系の欧米の国が中国を敵視するし、日本のクリスチャンの政治的な力が弱すぎて、日本を動かせないし、困っています。

## 中国共産党の圧政・暴政をどう思っているのか

磯野　教皇の守護霊様は、習近平主席をどのような人物だと見ていますでしょうか。習近平氏に、神様、あるいはイエス様の言葉が臨《のぞ》んでいると思われますでしょうか。

ローマ教皇守護霊　うーん……。私には分かりません。

ただ、第二次大戦の日本軍による空爆《くうばく》、侵略《しんりゃく》、略奪《りゃくだつ》、暴行に耐《た》えて苦しんだ国が、現代のような大発展を成し遂《と》げたのには、それなりのご努力と人民への愛があったのではないかと思っています。

**磯野**　中国共産党が立党されてまもなく百年、中華《ちゅうか》人民共和国が建国されて七十年以上がたっているのですけれども、そのなかで、中国共産党の圧政・暴政によって、無垢なる、無辜なる数多くの中国人民が「殺害された」という事実があります。教皇の守護霊様は、そのことをご認識されていますでしょうか。

**ローマ教皇守護霊**　キリスト教徒も、初期の三百年以上にわたってローマ帝国《ていこく》に迫《はく》害《がい》され、ライオンの餌《えさ》になった信者は数多くいましたし、石をぶつけられて殺された者、逆《さか》さ十字になった者、槍《やり》で突《つ》かれた者、剣《けん》で斬《き》られた者、たくさんたくさんいました。

でも、だからといって、私たちは歴史的なローマ帝国を憎んではいません。ローマ帝国、東西一千年の繁栄《はんえい》もまた、おそらく神のご計画なのだと思うので。人間としての「民族の違い」や国の指導者の「見解の違い」により起きた、数々の不幸な事件があっただけだと思っております。だから、殺されたキリスト教徒たちにも「神の祝福」はあり、それを迫害したローマ帝国の兵士たちにも「神の祝福」はあったと思います。

それを考えれば、現代の中国が迫害したといっても、まだ、ローマ帝国に一方的に殺されたクリスチャンほど、残虐《ざんぎゃく》なようには思えません。

確かに、七十年の間には、食料不足とか、いろんなもので亡くなった方はいるかと思いますが、毛沢東《もうたくとう》以下の人たちも、それはとても悲しかったと思います。鄧小《とうしょう》平《へい》が出て、みんなが食べていけるようにしてくれて、今の指導部が出て、欧米に肩《かた》を並べて抜くぐらいまで来た経済発展を成し遂げて、日本も抜いてしまった。かつて自国を蹂躙《じゅうりん》した日本を抜くところまで来た。「神の祝福」がここになければ、おかしいと思います。

「それぞれの長《ちょう》が和解すれば、平和への糸口は開けるのではないか」

吉井　ローマ教皇の守護霊様の、中国で信仰を持っていらっしゃる方への思いというものはよく分かります。

中国のクリスチャンの救済については、まずは彼らの身の安全を護《まも》るために、共産党政府に話をされているということなのでしょうか。この世の命を長らえることさえできれば、中国のカトリック信者は幸せであるということでしょうか。

ローマ教皇守護霊　はあ……（息を吐く）。平安に生きることができれば、人間としては幸福です、それは大事なことで。キリスト教を信じることにより、彼らがこの世的に「拷問《ごうもん》」や「苦痛」や「飢《う》え」を味わって殺されるようなことがないようにするのは、私の使命だと思っています。

磯野　具体的には、どのようなことをお考えでしょうか。

ローマ教皇守護霊　中国の指導部と分かり合えるようになりたいと思っています。

磯野　私も、中国とカトリック、バチカンが平和裡に和解できることを希望したいとは思います。ただ、中国共産党指導部は、信仰というものを否定しています。信仰を否定する中国共産党指導部と、本当に和解というものが可能なのでしょうか。

ローマ教皇守護霊　香港《ホンコン》でも、民主派の人々のなかにもキリスト教徒はたくさんいたし、それを弾圧《だんあつ》する側の「行政の側」にもキリスト教徒はたくさんいて、キリスト教徒同士で「弾圧」と「抵抗《ていこう》」が繰《く》り返されているという、歴史的に稀《まれ》に見る状態が、去年展開されていたし、ここ数年続いていますよね。だから、キリスト教徒をも憎しみ合わせる力が働いている。それが、習近平氏の「求心力」と「指導力」と「行動力」を高めるための国の政策なのかもしれないとは思いますが。

まあ、私であっても、宗教だけではない「政治的アピール」も世界にはしていますが、聞いてくれる人はそう多くはありません。言葉としては聞いてくれるけれども、実行力はありません。

「政治」と「宗教」は、難しい関係にあります。アメリカ軍の空母にも、クリスチャンはたくさん乗っているでしょう。しかし、空母の乗組員は、ローマ教皇の言葉ではなくて、大統領の言葉に従って行動を取るでしょう。そうした宿命が人間にはあります。だから、現実の法律、政治関係の秩序《ちつじょ》における「命令」には逆らえないところがあります。そして、誰《だれ》も「神の心」を忖度《そんたく》できない。だから、私ができるだけ解釈《かいしゃく》しようと努力しているのですけれども。

とにかく、「それぞれの長《ちょう》が和解すれば、平和への糸口は開けるのではないか」と思っています。

あなたがたのイエス・キリストは、もしかすれば、「イエス・キリスト」という大きな霊《れい》エネルギー体の一つの側面が強く出ているのかもしれないとは思うのですけれども、言われていることが、「裁きの神」のヤハウェのような感じがするので、私たちが考える「和解の神」とは違うような気がするのです。

## 3　アメリカ・中国・日本に対する見方

### 「アメリカ・ファースト」への批判

吉井　お話を聞いておりますと、教皇の守護霊様は「和解」を大切にされていて、それが「平和」だと考えていらっしゃるように思いました。

ただ、それでは現状維持《いじ》で、状況《じょうきょう》が変わっていかないこともあろうかと思います。

もともとキリスト教でも、イエス様の教えを受けて、その信仰心《しんこうしん》からの伝道活動が、ときには当時の政府と対立してしまうこともあったと思うのです。

しかし、そうしたときにも、「神の国を実現しよう」というキリスト教者の力強い行動がありました。教皇の守護霊様は、「信仰者の伝道」については、どのようにお考えなのでしょうか。

ローマ教皇守護霊　でも、原点に戻《もど》って、信頼《しんらい》できるものは『聖書《せいしょ》』に遺《のこ》っているイエスの「言葉」と「行動」しかないから。

だから、私は、トランプ大統領にも、「壁《かべ》をつくるより、橋を架《か》けるのが神の心だ」ということを伝えました。

彼が壁をつくるので、ウィルスが壁を越《こ》えて世界に広がってしまったのではないか。「アメリカ・ファースト」とかそういうことを世界各国が見習い始めたら、ウィルスが世界へ壁を越えて広がってしまった。これが神罰《しんばつ》なんじゃないでしょうか。

そして、〝政治における悪魔《あくま》〟ですよね、トランプなんて〝悪魔〟でしょう。その悪魔の支配を壊《こわ》そうとしているのが、この中国発のウィルスなんじゃないんでしょうか。

吉井　われわれも、今回のコロナウィルスの蔓延《まんえん》には、「神罰の側面がある」と考えておりますが、それがカトリックの総本山《そうほんざん》のお膝元《ひざもと》であるイタリアでも起きています。ここにも何らかの神意があるのではないかと思うのですが、どのように感じておられますか。

**ローマ教皇守護霊**　だから、「隣人《となりびと》を大事にすること」が大事であって、「隣人と喧《けん》嘩《か》をし、憎《にく》しみ合い、銃《じゅう》で撃《う》ち合うこと」が大事ではないというか、それは神の心に反しているんだということで。「アメリカ・ファースト」などという考えは間違《まちが》いで、アメリカは飢《う》えた国を助ける義務があるので。

私は南米に育って、南米で生きて、布教《ふきょう》して、「アメリカという国が、どれほど、そういう貧しい国々を見捨てて、苦しめてきたか」ということを知っているので。これが、かつてのヨーロッパを追随《ついずい》するものであるのならば、ヨーロッパもアメリカも深い反省に入るべきで、長らく平和を求めてきた〝アジアの心〟に見習うべきだと思います。

## 中国の軍事拡張を「防衛的なもの」と考えている

磯野　「赦《ゆる》し」「和解」「平和」は、クリスチャンの精神として、とても大切な価値観だと思います。

ただ、一方で、神様の目、あるいはイエス様の目から見て、何が正しくて、何が間違っているのかという「正義の観点」もあるかと思うのです。

そうした「正義」については、どのようなお考えをお持ちでしょうか。

ローマ教皇守護霊　ふう……、ふう……（息を吐《は》く）。まあ、正義という観点から言えば、トランプさんも正義がないが、日本の安倍《あべ》首相も非常に好戦的で、全体主義的な国家をつくろうとしていて、日本を再び「第三次世界大戦」に巻き込《こ》もうとしている。だから、日本にも去年（二〇一九年）来たし、日本のクリスチャンに気をつけるように言ったし。この日本という国が、再び「第二次大戦」のような戦火をもたらさないように、平和な国になるように、〝牙《きば》〟と〝爪《つめ》〟を抜くように勧《すす》めたし。

原爆《げんばく》などは、もう結構だから、日本は持たなくていいし、持っている国が「恥《は》ずかしい」と思うようになったほうがいいと思うし。

「正義」とは、そういう「原爆」だとか、「空母」だとか、「ミサイル」だとか、「潜水艦《せんすいかん》」だとか、こういうもので弱い国を一方的に攻撃《こうげき》できるということを、神が許さないということだと思います。

**磯野**　ただ、軍事力については、兵員数、兵器数において、中国のほうが日本よりも圧倒《あっとう》的に勝《まさ》っております。

また、今、コロナ・パンデミックが世界を震撼《しんかん》させている最中《さなか》、アメリカのウォール・ストリート・ジャーナル等によれば、「中国は、昨年、地下核《かく》実験を秘密裡《り》に行《おこな》った」というような報道もございました。

教皇の守護霊様は、そうした核兵器や、空母、ミサイル、潜水艦などの軍事力を持って、周辺の国々を侵略《しんりゃく》しようとする、あるいは、その軍事力を背景として他国を意のままに操《あやつ》ろうとする中国の考えを許容されるのでしょうか。

ローマ教皇守護霊　まあ、中国が軍事強国になったといっても、アメリカと日本が日米同盟で組めば、中国はまだ勝てないぐらいだと思うから、その意味では防衛的なものだと思うし。

北朝鮮《きたちょうせん》のミサイル発射には賛成はできませんが、国民の九割が飢えているという現状から見れば、何とかして、彼らの名誉《めいよ》を護《まも》りつつ、助けてやらなくちゃいけないものだろうと思っています。

日本は、再軍備するための理由・理屈《りくつ》を求めています。まあ、そういう人はどこにもいますけど、それは、かつて見たヒットラーやムッソリーニの道なのではないんでしょうか。

中国は防衛を強めていますが、過去二千年、侵略的に外国を支配したことは、ほとんど少ないと思います。

ヨーロッパのようなことはなかったと思いますから。主として、中国の十四億の民《たみ》を護るための活動を強めているのではないかと思うんですけど。

## 安倍《あべ》首相、トランプ大統領、習近平《しゅうきんぺい》主席をどう見ているか

**磯野**　ご認識について確認したいのですが、先ほどのお話からすると、教皇の守護霊様の目には、日本の安倍《あべ》首相やアメリカのトランプ大統領が、先の大戦のヒットラーやムッソリーニのように見えているということでしょうか。

**ローマ教皇守護霊**　そうですね。そっくりに見えます。そう見えます。一人で、一代で、そういう好戦的な国家につくり変えようとしているように見えます。

●**過去二千年……**　ローマ教皇守護霊の中国理解に対する発言は、史実とは異なり、過去、中国は外国をたびたび侵略的に支配してきた。例えば、元《げん》の時代には、ポーランド、ハンガリーまで侵入しており、現代でも、「内モンゴル」「東トルキスタン（ウイグル）」「チベット」などを侵略し、自治区というかたちで支配している。

磯野　では、習近平《しゅうきんぺい》氏は、どのような人物だと見ていらっしゃいますか。

ローマ教皇守護霊　うーん、まあ、アメリカに攻撃されるのが近いと思って、「国防」と「経済力」を高めているし、アメリカの第七艦隊の脅威《きょうい》から護るために、アジアの海の航海の自由を護ろうとしていると思う。

アメリカは、第二次大戦には少し正義はあったが、ベトナム戦争以降は、アメリカの戦争には納得《なっとく》がいきません。ベトナム戦争は、強国による侵略行為《こうい》であり、また、イラク戦争、イランの、次に始まろうとしている戦争等も、アメリカの侵略的な考えから起きていると思うので。

中国の「一帯一路《いったいいちろ》」で、中東の国やアフリカの国やヨーロッパとつながることで、それを世界平和につなげようとしていくことは、とても大事なことなんじゃないでしょうか。それによって、中東の国やアフリカの国が、アメリカの攻撃から護られることになる。

## 「米軍がウィルス兵器を武漢《ぶかん》で撒《ま》いたとも考えられる」

吉井　先ほど、「日本とアメリカとの同盟が中国に勝っている」というご認識をおっしゃいました。だから、「弱いほうである中国に味方をして、争いを起こさせないということが、今、いちばん大事である」とお考えなのでしょうか。

ローマ教皇守護霊　いや、私は信じてはいないけれども、万《まん》が一《いつ》、今回のコロナウィルスが、あなたがたが言っているように、「中国の武漢《ぶかん》のウィルス研究所から、兵器として開発されたものが流出したものだ」と考えたとしても、もし、そういうことを研究していたなら、中国という国が、「アメリカに対して圧倒的な劣勢《れっせい》の立場にあるから、そういうウィルス兵器でも研究しないと防衛ができない」と考えていたのではないかと思うし。

中国が言っているように、「米軍がウィルス兵器を武漢で撒《ま》いた」ということも考えられると思う。

彼らが持っていることは、アメリカが、細菌《さいきん》兵器も含《ふく》め、細菌ウィルス兵器を開発し、実用化していることは、世界の既成《きせい》事実であるので。どこかで実験的に使ってみたいとは思っているし。

アメリカは、世界中で軍事行動を二十四時間以内に起こせる国ですから。それは、宇宙空間の果てからでも、攻撃は可能なはずです。

磯野　確かに、アメリカは、世界中で軍事行動、軍事作戦を開始できるだけの体制を取っているかと思います。
トランプ大統領は、軍事力を誇示《こじ》することによって、例えば、イランに対して、国内の政治体制を民主化するように迫《せま》るなどしていますが、実際に軍事行動を取ることについては、極《きわ》めて慎重《しんちょう》なところもあるように、私には見えます。

ローマ教皇守護霊　そんなことはありません。習近平氏が訪米中に、シリアにミサイルを撃ち込んだのはトランプ氏だし、それから、イランのソレイマニ司令官が一月にイラクに視察していたときに、空中のドローンから攻撃したのはアメリカです。

宣戦布告しないでいきなり撃つのが、彼らのやり方ですので。そういう何らかの前兆行動なくして軍事的な破壊《はかい》活動が行われたとしたなら、「アメリカがやった」というのが、いちばん納得がいく。

それは、指導者の心のなかは読めませんが、お互《たが》いに似たようなものかもしれないとは思うんですが、あの貧しいメキシコからの移民を食い止めるために、国境に壁をつくるというバカげたことを言い出すような人が、これが「人種差別者」でなくて、何でしょうか。

近隣の、本来、友達であるべきメキシコ人に対して壁をつくるような人が、黄色人種の中国人を殺すことに、何の躊躇《ちゅうちょ》も持っていないと思います。

## 中国によるウイグル弾圧《だんあつ》をどう見ているか

吉井　今しがた、「中国は劣勢に立っているから、生物兵器なども開発してしまうのではないか」というお話もありました。

ただ、劣勢に立っているはずの中国共産党政府が、キリスト教以外でも、例えば、モンゴル、ウイグル、チベットにおいて強制収容所をつくるなどの、実質的な弾圧《だんあつ》をしている状況もございます。

こうしたことは、「隣人《りんじん》を愛する」という行為にはどうしても見えませんが、これも、中国共産党政府が劣勢に立っているからやむをえないというご認識なのでしょうか。

ローマ教皇守護霊　ウイグルについては、自治区として組み入れられているけれども、一年中、中央政府に対するクーデターを続けていたところですので、やはり、政治犯の収容所でもなければ、皆殺《みなごろ》しに遭《あ》うことになると思うから、それは理解はできるし。長い中国の歴史から見ると、万里《ばんり》の長城《ちょうじょう》の向こう側から中国を攻《せ》めていたのは、ウイグル族の人たちであるから、それに対して、今、彼らに、イスラム教の名の下《もと》に再び本当の自治を任せたら、武装して、国内を混乱に陥《おとしい》れる勢力に転化するのはわけがないことであるから、監視《かんし》下に置いて、行動を見張っているのは、それはそうだと思うし。漢字教育、中国語教育をして、職業訓練しているのも、そうだろうと思うし。

もし、ウイグルの立場が正しいのならば、他のイスラム教国は、ウイグルを助けるために、協力し、立ち上がらなければいけないが、完全に見放しているのを見れば、それは、「信仰の名の下においても、応援《おうえん》できない何かがある」ということではないんでしょうか。

**磯野**　別の見方をすれば、イスラム圏《けん》、イスラム教が広がっている中東の国々も、先ほどおっしゃっていた「一帯一路」によって、中国と経済的にかなり密接な関係を持っていますので、もし、そうした国々が、イスラム教徒が数多く住んでいるウイグル自治区をイスラム教の名の下に護るために、中国に対して戦う姿勢を示したら、逆に、中国側が〝経済という道具〟を使って揺《ゆ》さぶりをかけてくるということが考えられるかと思います。

ですので、純粋《じゅんすい》に、信仰上、「ウイグルの方々に問題があるから、イスラム教の国々が支援しない、あるいは、手助けをしない」というのではなくて、むしろ、「経済的に中国共産党に握《にぎ》られているので、そうした行動が思うように取れない」といった見方もできるかと思います。

ローマ教皇守護霊　まあ、そのへんはよく分かりませんが、あなたがたも反対運動をずいぶんやっていらっしゃる。ウイグル自治区の解放運動を応援しておられるようだけれども。まあ……、やや同調を見せたのは、トルコぐらいですよね。

そのトルコが、今、ウィルス感染《かんせん》ではイランを超《こ》えて、イスラム教圏でナンバーワンになっている。トルコ、イランという、この二強国が、今、ウィルス感染でたくさん死のうとしている。

## 中南米からはアメリカが無慈悲《むじひ》に見える

**ローマ教皇守護霊**　だから、うーん、まあ、何が正しいかはよく分かりませんけれども、私たちはもう、無慈悲《むじひ》なアメリカしか見てこなかった。中南米を貧しくすることしか考えていなかったアメリカで、みんな英語を学ぶことすら拒否《きょひ》していたので。英語を学べば組み入れられるから拒否していた私たちから見れば、中国語を学ぶのを拒否しているウイグル人が同じ気持ちなのか、違う気持ちなのか、分かりかねる。

ただ、中国内陸部からウイグルまで高速鉄道を走らせて、高層ビルを建てて、仕事をつくっているのは中国北京《ペキン》政府であるので。北京政府の計画経済の下に、ウイグルの人たちも職を得て、今、生活をしていることに対する感謝はないように思うんですが。感謝なく、信仰だけを言っているが、それは反乱の口実なのではないかという気はするんですがね。

だから、南米もキリスト教圏ですけどね、カトリックだからといって、プロテスタントの多い北米と、必ずしも憎しみ合わなきゃいけないほどのものではないし、アメリカにもカトリックはいますし、大統領も出ましたから。ケネディだったかな？　出たから、そんなことはないが。

まあ、南米からメキシコに至るまで、アメリカ嫌《ぎら》いは、もうたくさんおります。もう奪《うば》うだけ奪って、自分たちの消費に回すのがアメリカのやり方で、奪ったところを豊かにする気がまったくなく、貧困のままに放置する政策ですので、かつてのスペインやポルトガルと変わらないですね。

私たちは、そうした帝国《ていこく》主義的侵略の五百年の歴史を反省すると、現在のアメリカに対しても、厳しいことを言わざるをえないんです。

## 4　善悪よりも、「平和」や「現状維持《いじ》」を重視

### ローマ教皇守護霊が考える「愛が行《ぎょう》じられているか」のチェック基準

吉井　今、いわゆる大航海時代のスペインやポルトガルの動きと、アメリカを比較《ひかく》されるご発言もございましたが、当時、世界に広がったのはカトリックの教えです。「カトリックの教えが、なぜ帝国《ていこく》主義的な植民地化の動きを止められなかったのか」ということにつきましては、どのようにお考えなのでしょうか。

ローマ教皇守護霊　当時は、「キリスト教文化をアジアや南米に広める」ということは、実際にこの目で見聞《けんぶん》するかぎりは本当に未開の人たちであったんで、彼らを啓蒙《けいもう》することには役に立つと思いました。

ただ、宗教としてだけそれを伝えるのは力が足りなくて、「政治の力」が必要だったので、政治の「資源とか貿易が欲《ほ》しい」という気持ち、あるいは「港《みなと》等が欲しい」という気持ちと補完し合って、大航海時代は起きたんだと思いますが。その時代はね、やっぱり、キリスト教が地の果てまで広がることはいいことだと思っていました。その結果、確かにいろんなところで、軍隊を伴《ともな》って残虐行為《ざんぎゃくこうい》も行われたことは、悲しむべきことだと思っています。

ただ、一方では、もう一つ、中南米とかに伝道した宣教師たちは、地元の宗教、酋長《しゅうちょう》たちに襲《おそ》われて、十字架《じゅうじか》につけられて、川に流されたりして、宣教師が次々と殺されたことも事実ではあるので、そういう意味で感情的にはとても複雑でした。

日本に伝道しても、ある程度、大名《だいみょう》までは広がっても、幕府が弾圧《だんあつ》をかけてきて、ほぼ皆殺《みなごろ》しの状態が起きたりして、数百年の間、隠《かく》れキリシタンとして忍《しの》んでいた人がたくさんいます。また、隠れキリシタンの多かった長崎《ながさき》などに原爆《げんばく》が落とされたりして、悲劇が二重になったこともあります。

まあ、宗教には光と影《かげ》があるから分かりませんけれども、私は、基本的には、「平和を第一とする」ことが、「愛が行《ぎょう》じられているかどうか」ということのチェック基準になるんではないかと思っています。だから、平和を後回しにして、自分たちの考えを押《お》しつけることを善とし、正義とするということは、たまに正しいこともあるが、ときとすれば、悲惨《ひさん》な結果しか生まないこともあると思っています。

人類に原爆を落としたのはアメリカ一国だし、落とされた日本が、また、そうした核《かく》で隣国《りんごく》を脅《おど》すようになるのは、賛成ではないし。うーん、まあ、世界平和に寄《き》与《よ》することは賛成で。

まあ、歴史の流れるところ、アメリカと中国の「二極体制」に今後なっていくんだと思うので。だから、そのバランス・オブ・パワーが要《い》るんじゃないかなあと、今は思っています。

## 中国の現状については、どう考えているのか

吉井　今のお考えですと、アメリカと中国のバランスを取りながら、争いが起きないようにすることで、現状維持《いじ》の状態が続くことになろうかと思います。

この現状維持のなかで、中国共産党政府の管下にあるカトリックのみなさまが、魂《たましい》から救われるということはあるのでしょうか。魂の救済については、どのようにお考えなのでしょうか。

ローマ教皇守護霊　分かりません。分かりませんが、中国の歴史から見れば、もし、その政権が弾圧を旨《むね》として人々を苦しめているだけなら、革命が起きて倒《たお》される。そういう易姓《えきせい》革命の考えがあります。

ただ、そうした弾圧を受けて、「政府を倒したい」という思いよりは、現在の中国の、成長し、発展した姿を喜ぶ人のほうが多くて、経済的にも豊かになって、海

外にも数多くの中国人が出ているのを見れば、それをやっかむのではなくて、中国の成功を素直《すなお》に喜ぶべきではないかと思うし。それを喜ぶことが、アメリカの若者たちが体を張って日本軍と戦ったことが正当化される意味であって。もし、それが肯定《こうてい》されないなら、アメリカ軍が日本軍を打ち負かしたことも、そこから……、ベトナム戦争ではなくて、そこから間違《まちが》いがあったということになります。

ただ、歴史は、まだそれを肯定はしていません。

## 幸福実現党や靖国《やすくに》神社に対する誤解

吉井　確かに、そうした大きな世界史の流れというものは、すぐには分からないものであろうかと思います。これからも、世界を見通す上で、非常に難しいこと、分からないことがたくさんあると思います。

教皇の守護霊様は、「分からないから、自分がいるときは現状維持でいきたい。それが平和である」とおっしゃっているようにも聞こえてしまうのですが、そのご意図は、どのようなところにあるのでしょうか。

**ローマ教皇守護霊**　うーん……、だから、私は、「オバマさんのほうが正しい」と思っているほうなんで。「アメリカが軍縮して、そして、非核宣言をして、世界の国々が非核に参加していく流れが正しい」と思うし。アメリカやロシアが非核化を進めなければ、中国は数百発ぐらいの核兵器を手放すとは思えない。アメリカやロシアは数千発持っていますから、そちらを減らさなければ、中国を非核化することはできないとは思っています。

だから、うーん、日本の立ち位置はとても難しいですが、まあ、でも、軍国主義で道を拓《ひら》くのはやめたほうがいいんじゃないかな。

おたくは、今、政党大会をやっているのか。何か〝軍国主義復活政党〟みたいで、国民から人気がまったくないと聞いています。だから、何か考えに間違いがあるんじゃないでしょうか。

●政党大会を……　本霊言が収録された2020年4月25日に、「幸福実現党立党11周年大会」が開催された。

磯野　一点、訂正《ていせい》させていただきたいのですが、幸福実現党は決して軍国主義復活政党ではございません。

　むしろ、戦後七十年以上にわたりまして、日本は防衛力を十分に持っていないがゆえに、中国や北朝鮮《きたちょうせん》の軍事的脅威《きょうい》にさらされ、日本国民の多くが不安のなかに生きています。ですので、正当な意味において、「日本は防衛力を持つ必要がある」「自分の国を自分で護《まも》る必要がある」ということを訴《うった》えているのが幸福実現党であり、決して、「軍事力でもって、北朝鮮や中国を攻撃《こうげき》せよ」ということを訴えている政党ではございません。

ローマ教皇守護霊　でも、党首は、靖国《やすくに》神社に参拝《さんぱい》に行っては涙《なみだ》を流していると聞いていますから。軍国主義なんじゃないでしょうか。自民党の総裁さえ、今行けないのに、幸福実現党の党首は、靖国にみんなで参拝して、軍国主義の塊《かたまり》みたいな人らしいじゃないですか。だから、票が入らないって聞いています。

磯野　その点についても、訂正をさせていただきます。

まず、靖国神社が、欧米《おうべい》諸国からは、そういう侵略者《しんりゃくしゃ》たちを祀《まつ》っている神社……。

ローマ教皇守護霊　“war《ウォー》 shrine《シュライン》”（戦争神社）でしょう?

磯野　そうですね。“war shrine”というようにも言われますけれども、率直《そっちょく》に言えば、先の大戦で戦って亡《な》くなられた兵士の方々をお祀りして、慰霊《いれい》をするための神社でございます。決して、侵略者を祀っているという軍国主義の象徴《しょうちょう》ではございません。

ローマ教皇守護霊　英雄視《えいゆうし》しているんじゃないんですか?　戦った人を。

磯野　それは日本だけでなく、アメリカもそうでしょうし、ほかの欧米諸国もそうかと思いますけれども、自国の国民を護るために戦った軍人を「英雄」として称《たた》え、その死を国民が弔《とむら》う、あるいは慰霊するというのは、ごくごく自然なことです。ですから、日本だけを軍国主義と呼ぶのは違うのではないでしょうか。

ローマ教皇守護霊　自然ではないんではないですか？　中国を侵略した軍人たちまで祀ったら、中国は黙《だま》っていないでしょう。

磯野　その点が、今、安倍《あべ》首相が靖国神社を参拝することができない原因です。

ただ、この点につきましても、本来、日本の首相がどういう信仰《しんこう》を持ち、どういうところに参拝するかということは、その国の内政の問題でございまして、決して、他国から意見を言われる筋合《すじあ》いのものではございません。

## 日本と中国を「国の大きさ」で判断するローマ教皇守護霊

ローマ教皇守護霊　うーん……。「日本は沖縄《おきなわ》を侵略して、中国から取った」と言われているんです。

磯野　沖縄が中国の領土であったという事実はございません。

歴史的には、江戸《えど》時代に薩摩藩《さつまはん》が琉球《りゅうきゅう》を支配し、明治時代に、琉球処分で沖縄県が設置されました。それが、沖縄の方々のなかに、さまざまな感情を生んでいるのは承知しておりますが、欧米列強による植民地支配のように搾取《さくしゅ》するためにやったことではなく、近代化して、沖縄の方々にも幸福な生活を営《いとな》んでいただくことを目指したものです。

ローマ教皇守護霊　私の乏《とぼ》しい知識によれば、薩摩藩が、やっぱり、琉球の値打ちのあるものを貢《みつ》がせるために支配したというふうに聞いているんですけどねえ。うーん、まあ、考え方はいろいろなんでしょうけど。

でも、地政学的に見れば、あの巨大《きょだい》な中国で、二十何倍の面積と十倍ぐらいの人口を持っている中国と日本なら、日本が中国に保護されるのが普通《ふつう》なんじゃないんですか。

**吉井**　逆に、教皇の守護霊様は、「日本は小さいので、沖縄は中国が保護をしていないとおかしいのではないか」と思われているのでしょうか。

**ローマ教皇守護霊**　うーん。だから、十分の一の国が、大きい国をもう一回、かつてやったように侵略しようと思えば、そうとうな無理が出ると思うんですけど。

**磯野**　今の日本人に、中国を侵略する意図はございません。

ローマ教皇守護霊　だから、広島、長崎を挙げて、「原爆でこんな悲惨なことがあったから」と、核兵器所有国にそれを手放すように言って回るのが日本の外交のあるべき姿だし、東日本大震災《だいしんさい》で原子力発電所が爆発して、放射能の汚染《おせん》が進んだので、「原子力そのものを世界からなくしていこうという運動をする」のが、日本の政治の使命なんじゃないんでしょうか。

吉井　歴史のご認識に関してですが、日本も中国側から攻《せ》められたことは何度もございますし……。

ローマ教皇守護霊　はあ、おおー。

吉井　歴史的には、両国ともにいろいろなことがありました……。

ローマ教皇守護霊　日本人は、中国人の一部がこの島に住み込《こ》んだものではないんですか。

吉井　言語的にも、日本古来の言葉もございますし、日本独自の文明もあったと言われています。

ローマ教皇守護霊　漢字を使っていて、だから、中国文化が日本人のレベルを高めたと聞いているんですが。

吉井　ええ、漢字も入りましたが、それ以前から、秀真《ほつま》文字という日本古来の文字もございます。

## イタリアに来て思ったことは、「ファシズムの敗北」

**吉井**　このように言っては申し訳ないのですが、非常に中国側に偏《かたよ》った意見を聞かれているように思います。このような歴史認識を教皇の守護霊様にアドバイスされる方がおられるのでしょうか。

**ローマ教皇守護霊**　うーん、まあ、長らく、それは、アルゼンチンのほうにいたので、いきなりローマ教皇にされても、すぐにはスッとは分からないことはあるので。それは、自分の経験がそうとう大きく乗っているとは思いますが。

イタリアに来て思ったことは、「ファシズムの敗北」なんで。ああいうふうに、「一気に民衆の人気を得て、敗北して、木に吊《つ》るされて縛《しば》り首になるような、そんな政治指導者は、もう二度と出してはいかん」と思っているから、とにかく、キリスト教会っていうか、ローマ教皇庁の考えとしては、「そういう軍事的独裁者は出さないように、できるだけ、世界に平和のメッセージを出し続けなくちゃいけない」とは思っていますけどねえ。

だから、日本のクリスチャンも大多数は、あなたがたから見れば、左派、左翼《さよく》だというふうに思うだろうけれども。その平和主義を「インチキだ」と、あなたがたはきっと思っているだろうけれども、でも、それしか生きる道はないんじゃないでしょうかね。

イタリアだって、二度と、前回のようなことはごめんであるので、やっぱり、「戦わない」ということを信条にしなければ。まあ、そのためにＥＵもできたんだと思うけどね。

中国は、イタリアの苦境を見て、「経済的」に助けてくれようとしたし、今回のウィルス騒動では、「医療団《いりょうだん》」まで派遣《はけん》してくれたんで。

うーん。私は、なんで、あなたがたとこんなに考えが違うのかが分からないんですけど。なんでこんなに違うんでしょう。

## 宗教的善悪よりも「政治」や「経済」を優先

吉井　現状がよいほうに変わる場合もあれば、確かに、悪いほうに変わる場合もあると思います。ただ、「現状が変わる」ことについて、非常に大きな不安感や嫌悪《けんお》感を持たれているのでしょうか。

ローマ教皇守護霊　うーん。

吉井　アメリカは非常に独裁的であるとのご指摘《してき》ですが、教皇様の母国のアルゼンチンでも、経済的なアドバイスをアメリカから受けて、経済改革に取り組みました。

実は南米の諸国でも、アメリカでうまくいった経済政策を取り入れている国も多数ございます。また、トランプ大統領は、コロナ・パンデミックで物資が不足するなかで、人工呼吸器を中南米の国々に送ることも表明されています。

何か、現状が変わってしまうことを過度に懸念《けねん》されているようにも感じますが。

**ローマ教皇守護霊**　うーん……。それはどうですかねえ……。アルゼンチンやブラジル、ホンジュラス、エクアドル、もうみんな、アメリカにひどい目に遭《あ》って、経済は目茶苦茶《めちゃくちゃ》。インフレとかで翻弄《ほんろう》されて、お札《さつ》が紙切れみたいになっているような国がいっぱい出ていて、暴力は横行し、銃《じゅう》ははびこり、もう、アメリカ文化はいいことが何一つない状態で、キリスト教は、「十字架で戦うのはもう無理」という状態なんですけどねえ。「政治的」「経済的」にもっとよくならないと、もう、どうにもならない。

だから、「宗教的」に善悪の悪を折伏《しゃくぶく》するというよりは、「政治的」にもうちょっと全体がうまくいってくれなければ、もうどうにもならないので。そうした後《おく》れた民族を蔑視《べっし》する政策は、やはり……。基本的にそういう人たちを歓迎《かんげい》してはならないというふうに思っています。

## 5　中国伝道への願いと神への祈《いの》り

### 世界のリーダー国が持つべき使命とは

吉井　経済では、国営企業《きぎょう》が中心の状態から、民営化を進めていくときには大きな抵抗《ていこう》があるものです。それは、アルゼンチンでもお隣《となり》のチリでもありました。

民間の力をだんだんと引き出すなかで経済が発展していったことが、実際の歴史でもあるのですが……。

ローマ教皇守護霊　今は、アルゼンチンやチリに移民したいという人はもうほとんどいないだろうし、日本人は、かつてはブラジルに大量に移民したけれども、今は、「ブラジルに移民したい」とは言わないだろうし。それは住みやすい国ではないということでしょうね、やっぱりね。

だから、アメリカ一国で、貧しい国の百倍も豊かな国民がいっぱい住んでいるというようなことだから、そういう〝隠《かく》れ移民〟がいっぱい入ってくるのは、それはそうだろうとは思うけれどもね。そういう〝隠れ移民〟を止めたければ、それが入ってくる先の国の治安をもうちょっとよくして、経済的に安定させなきゃいけないわけで。

世界のリーダー国としては、そういうところに知恵《ちえ》を巡《めぐ》らせればいいのに、軍事的に強国化して、他の、自分を脅《おびや》かすような二位、三位の国を叩《たた》き潰《つぶ》そうとするようなことばかり考えているから、「イエスの心に適《かな》わない」と私は教えているんですけれども、間違《まちが》っているのですかね？

磯野　まさしく、今、おっしゃったように、アメリカは、メキシコを経由して不法に入国してくる人々が、例えば、アメリカ国内で麻薬《まやく》の密売など、そういう犯罪を犯《おか》し、アメリカ人の生命・安全・財産が脅かされているので、それを護《まも》るために……。

ローマ教皇守護霊　まあ、そういう考えもありますが、「不法なことはもう重々承知のはずの麻薬でもアメリカに持ち込《こ》まなければ、現金収入がない国の人たちの生活は、どうやったら向上できるのか」ということを考えてやるのが、世界のリーダー国の使命なんじゃないんですか？

## 「豊かな国は神を忘れ、バアル信仰《しんこう》へ変わっていく」

磯野　その観点から言えば、いちばん大切なことは、やはり、移民の方々の出身国において、正しい政治経済がきちんとなされることが大事で、人々が自分の生まれ育った国を逃《に》げ出さなければいけないというのは、一つの不幸かと思います。

やはり、その方が生まれ育った愛する国のなかで、どうやって幸福な生活を営《いとな》むことができるかを考えるのが、各国の政治家が考えるべきことです。

トランプ大統領がおっしゃっている「アメリカ・ファースト」、自国第一主義というのは、一見すると、非常に自己中心的な主張のように聞こえるかもしれませんが、実のところ、その国の国民にとって、やはり、いちばんよい道であるかとは思います。

**ローマ教皇守護霊**　アメリカは、イスラム教徒もすごく増えているしね。イスラム教徒はいっぱい入ってきているし、アメリカがそんな不寛容《ふかんよう》であったとは思いたくはないんだけれども、ただ、イスラム教徒に対する差別と弾圧《だんあつ》は強くなってきてはいますね。

まあ、「９・11」もありましたからね。それも原因ではあろうけれどもね。そういうこともあるし。

スペイン語が二十パーセントぐらい通じるようになったから、スペイン語圏《けん》の人たちがだいぶ移民してきていることも事実なんだろうけれども。

とにかく、世界で、自分の国から外へ出て貧しくなるなら、みんな国から出ない。だけど、ずっと自分の国の何十倍も百倍も儲《もう》けている国があれば、それは行ってみたい、学んでみたいと思うことはあるでしょうね。

日本も、そういうところはあって。アジアの貧しい国から見れば、一人当たりの収入は百倍もあるのに、移民を一切《いっさい》認めないでやっているね。〝鎖国《さこく》している状態〟で。とても一等国とは思えないような「見識の狭《せま》さ」というか、「心の狭さ」を感じますね。日本はとっくに「ジャパン・ファースト」をやっていますよねえ。あまりに自国中心に考えすぎる傾向《けいこう》があって。「使命」をもっと考えないといけないんじゃないでしょうかね。

吉井　教皇の守護霊様のお考えですと、「豊かになった国は、貧しい国にすべて施《ほどこ》して、全員が平等にならなくてはいけない」、「これから豊かになろうとする国は、自分の責任ではなくて、施してもらって豊かになればよい」というお考えなのでしょうか。

ローマ教皇守護霊　豊かな国は、神を忘れてね、信仰《しんこう》をしているつもりでいて、いつの間にか悪魔《あくま》を信じているようになっていくんですよね。それがもう「バアル信仰」に変わっているんですよ。いつの間にか、「イエスの信仰」から「バアルの信仰」に変わっていくんですよね。その転換点《てんかんてん》が分からないからねえ。もう本当に、上へ上へ上がろうとしてね。ドイツもそれで失敗しているし、日本も失敗しているし、アメリカも失敗するんだと思うんですよ。

## 共産主義の中国を、公然とキリスト教を伝道できる国にしたい

吉井　「豊かになる」ということでは、確かにこの世的な豊かさに目をとらわれてしまう危険性もあろうかとは思いますが、教皇の守護霊様がお考えになる「理想の

●バアル信仰　古代の中東などで流行していた唯物的で拝金主義的な信仰。バアルは、悪魔ベルゼベフ（ベリアル）と同一とされる。『旧約聖書』には、「ヤハウェのみを神とすべき」と説いた預言者エリヤが、バアルの預言者たちと対決し、勝利したことが書かれている。

豊かな国」とはどういったものなのでしょうか。

ローマ教皇守護霊　私はね、あなたがたが（ローマ教皇に対して）思っているような、「唯物論《ゆいぶつろん》で無神論の共産主義の中国は理想の国だ」と思ってなどいませんよ。そんなことを思っているわけじゃないんですよ。

だけれども、（中国は）一九四九年からだから、やっぱり七十年ぐらいか？　七十年ぐらいで、昔よりはずいぶん暮らしはよくなって、太平洋側の大都市に摩天楼《まてんろう》のようなビル群がいっぱい建ってね、経済もすごくよくなってきましたよね？　無神論・唯物論の共産主義の政治看板は掲《かか》げていますけれども、経済はもう自由主義圏に入ろうとしていますよね？

ここを、私は、キリスト教の伝道で打ち破って、この経済的に豊かになった十四億の国をキリスト教国に変えれば、ここが地獄《じごく》から天国に変わるんじゃないかと思っているわけで。

　だから、彼らを拒否《きょひ》するんじゃなくて、受け入れて抱《だ》き入れることで、彼らにキリスト教を浸透《しんとう》させようと考えて、非力ながら、努力しているわけですよね？　だけど、トランプさんみたいなのは、二位の国が一位になろうとしているから、その前に〝ハエ叩き〟で叩き潰そうとしているよね。それは絶対に「憎《にく》しみ」しか生まれないよね。だから、ちょっと考え方に違いはあるわけですよ。

**吉井**　今の中国共産党政府をキリスト教に伝道したいというお気持ちなのですね。

**ローマ教皇守護霊**　伝道したい。それは、だから、公然と伝道できるぐらいの国にしたいと思っているんですよ。

　ということであれば、イタリアがね、中国と交流が深くなることだって悪いことではないし、フランスとかも、スペインとかも、それは、交流できれば悪いことでないとは思っているんですがね。十四億人をカトリックの国にできたらいいなあと願ってはいますが。神には祈ってはいますけれどもね、まあ、現実は厳しい。
言うとおり、地下教会等は、北京《ペキン》当局の監査《かんさ》、保護監察下にあって、まあ、原則、邪教《じゃきょう》と見られていて、確かに、突如《とつじょ》いなくなって、ある日殺されたりする人も出てきているとよく聞いていますから。だからこそ、私がパイプをつくっていかなければ、彼らを護ったり救ったりすることはできないんじゃないかと思っているわけですよ。

「神に祈《いの》り、イエスに祈っているのに〝返事が来ない〟」

ローマ教皇守護霊　例えば、武漢《ぶかん》に入るにしても、「おまえらがウィルスをつくって、世界中を恐怖《きょうふ》のどん底に陥《おとし》れただろう」という態度で入ったら、向こうも敵視して拒絶《きょぜつ》するに決まっておりますから、そういうことは言わないで、「武漢の人々を弔《とむら》いたい。キリスト教徒もいたであろうから」ということで。そういうふうにやりたいなあと思っているわけなので。

まあ、そんなに考え方が違っているのかどうかは分からないが、あなたがたから出ているイエスの言葉が、私だけでなくて、私たち伝統的なバチカンの考え方とも違っているので。これが本当にイエスなのか、悪魔なのか、それとも、幸福の科学という日本の固有信仰が立ち上がろうとしているのか、このへんがよく分からないので。

あなたがたを見たら、そんなに〝残虐《ざんぎゃく》な顔〟には見えないんですけれどもねえ、うーん……。

吉井　中国のなかでも伝道していきたいということですが、教会の司教の任命権も中国共産党政府に渡《わた》されてしまいました。

教皇の守護霊様は、中国とこのまま関係を深めて、武漢を訪問する場合も、いわゆる和解の姿勢で臨《のぞ》まれるという一連の流れの延長上に救いはあるというお考えなのでしょうか。

ローマ教皇守護霊　政治システムのところは向こうに主力を持たれたとしても、キリスト教があるかぎり、『聖書《せいしょ》』を読み続けなければならないから、その考えは入っていくはずだと思うんですね。今、隠れキリシタン的なあり方しかできないのを、できるだけ表に出られるようにしてやろうとは思っているんですけれどもね。だから、アメリカに牽制《けんせい》的に言うことで、中国のほうにも理解を持たせようとしているわけです。

吉井　ただ、実はそこに限界も感じられていて、「もう分からない」という状態になってしまっているのではないでしょうか。

ローマ教皇守護霊　まあ、限界はありますよ。だから、毎日祈《いの》りますけどね。いや、仏教か何かみたいに、もう本当に床《ゆか》にひれ伏《ふ》して、神に祈り、イエスに祈っているんですけれどもね、〝返事が来ない〟んですよ、まったく。私のところでこれだけ祈っているのに〝返事が来ない〟。

キリスト教を広めようとしているのに〝返事が来ない〟で、どうして、キリスト教をそんなに信じていない幸福の科学にイエスが降臨《こうりん》して、そして、福音《ふくいん》を宣《の》べ伝えようとするのかが分からない。分からない。

**磯野**　幸福の科学の教えによれば、当時、イエス様が地上にいらっしゃったときに、イエス様をご指導され、そのイエス様が「天なる父」と呼ばれた方が、今、幸福の科学の大川隆法総裁としてお生まれになっています。そういったご縁《えん》で、イエス様が幸福の科学をご支援《しえん》くださっています。

**ローマ教皇守護霊**　まあ、それは、あなたがたはそう思うかもしれないが、私たちキリスト教圏の人たちには、そんなことは理解不能なことです。

## 今のキリスト教会の人たちは、奇跡《きせき》を起こす宗教はあまり好きではない

吉井　イエス様は、教会に集《つど》う方たちに向けても、心を砕《くだ》かれておられました。先般《せんぱん》、「霊言《れいげん》」というかたちで、イエス様から頂いたお言葉のなかでも、幸福の科学に臨む奇跡《きせき》や、その動きを見ながら、キリスト教界に「本来の使命に目覚めてほしい」という力強いメッセージもありました。

イエス様のキリスト教徒への深い愛を、窺《うかが》い知ることができました。

ローマ教皇守護霊　悲しいけれども、今のキリスト教会の人たちは、そんなに奇跡を起こす宗教はあまり好きじゃないんですよ。だから、そういう宗教が出ると、すぐ「悪魔の仕業《しわざ》だ」とか言い始めるし、「邪教だ」ということを言い始めるし、「カルト集団だ」と言い始めて。

自分たちがもう神学だけで教えていますから、そういう奇跡が起きるような宗教

をそう簡単に受け入れはしないのが現状ですよね。

吉井　ただ、教皇の守護霊様は、中国の十四億人の方々のなかで、今、地下活動をされているクリスチャンを救っていきたいと思っておられます。これも、ある意味では、奇跡を望まれていることになるのではないでしょうか。

ローマ教皇守護霊　習近平《しゅうきんぺい》さんだって、本当はトランプさんのことが少し怖《こわ》いんだろうとは思うので。だから、ローマ法王を味方につけたほうが防衛上はいいとは思っているだろうとは思うんですよ。

トランプさんは、私の言うことはききませんが。「ニューヨーク・タイムズ」のフェイクニュースと同じような〝フェイク宣教〟としか思っていないと思いますけれどもね。

それでも、カトリックは十億ぐらいだったかな？　まあ、ちょっと分からないけど。とにかく、本当の数は誰《だれ》も分からないですが、まあ、世界の何分の一かはいることにはなっているので、中国の国民数に匹敵《ひってき》するぐらいの勢力は、キリスト教会にはないわけではないんでね。

そういうことで、「権力」はないけれども、「権威《けんい》」があれば、少しはそれを及《およ》ぼしたいなと思っているし。

## 日本は宗教心がまったく伝わらない、不思議な国

ローマ教皇守護霊　日本でも、東京ドームでミサをやらせてもらいましたけれどもねえ。

ただ、日本という国は不思議な国で。何だろう？　報道はされたみたいではあるのに、まあ、何でしょうねえ、うーん……、まあ、〝水を弾《はじ》く油みたいな国〟で、そういう宗教活動をやらせて、「あった」ということは伝えても、宗教心がまったく伝わらないんですよね。「私の願い」みたいなものは伝わらないで、「そういうこ

とがあった」ということだけは伝わるわけです。もう、分からない国です。

磯野　私たちも日本を、もっと公《おおやけ》に宗教について語り、信仰について語れるような宗教的な国に変えていきたいと思っております。

ローマ教皇守護霊　うーん。

## 6　ローマ教皇守護霊の見識の限界

### 自《みずか》らの「政治力のなさ」を嘆《なげ》くローマ教皇守護霊

磯野　残り時間も少なくなっておりますけれども、もう一つお伺《うかが》いいたします。

本日、教皇の守護霊様が大川隆法総裁先生のところにいらっしゃったのは、「今回、発刊する本（『イエス・キリストはコロナ・パンデミックをこう考える』〔幸福の科学出版刊〕）のイエス様のメッセージが、本当なのかどうかを知りたい」ということだったと思いますが、それ以外に、何かお伝えになりたいメッセージはございますでしょうか。

ローマ教皇守護霊　いやあ……、それこそ、あなたがたのところで自由自在に「イエスの霊言《れいげん》」が出るんだったら、それはバチカンにとっては、もう〝ウィルス感《かん》染《せん》〟とほぼ同じことで、「バチカン不要論」になるでしょう。「私がイエスの心と一体でない」ということになりますから。

（私が）言ってきたこと自体は、キリスト教が伝統的に言ってきたことと、そう大きくズレてはいないとは思うんですけどね。「弱者の味方であるべきだし、貧者の味方であるべきだし、他国を占領《せんりょう》し、攻撃《こうげき》することは、あんまりよくない」っていうような、キリスト教の基本ラインに基《もと》づいてやっているんですが。

確かに、キリスト教も、弱いときはそうで、強いときは違《ちが》ってくるのはそれでして、これは宗教ではなくて、人間の性《さが》なのかもしれないとは思いますけどね。まあ、あなたがたの善意は信じたいとは思うんだけどね。ただ、イエスが出て語って、そのイエスが「紛《まが》い物だ」というふうに批判されて、あなたがたがカルト教団扱《あつか》いされて、また同じような迫害《はくがい》を受けるのは、私は避《さ》けたいなと思っているんでね。

そういう意味で、教義というか、そういう教えのね、すり合わせがもうちょっとできないと困るかなあと思っているので、私たちのほうで何か……。まあ、私はちょっと、〝南米の田舎《いなか》〟にいたので、世界的なものの見方が、もしかしたらできていないかもしれないですけどね。

余計ですか、私の政治活動は、とってもピントが外れているように見えていますか。

磯野　いえ、先ほど、「中国の豊かになった地域の方から、キリスト教の信仰《しんこう》に導きたい」というふうにおっしゃっているところにつきましては、私たちも、「ぜひ、中国に幸福の科学の教えを広げて、本当に信仰を持つ幸福な方を増やしたい」と考えておりますので、その点については、共通しているところでございます。

私たちも、決して、「中国人が憎《にく》い」とか、そういったことではなく、あくまでも、「国民を抑圧《よくあつ》・弾圧《だんあつ》し、人権や自由を踏《ふ》みにじっている共産党政府は変わるべきである」と主張しておりますので。その点については、おそらく教皇様と同じところがあるかと思います。

ローマ教皇守護霊　ああ、もう力がなくて申し訳ありませんが、台湾《たいわん》の指導者もクリスチャン、中国（香港《ホンコン》）の行政長官もクリスチャン、中国（香港）の反体制グループのリーダーもクリスチャン。

だから、「私は、いったいどうしたらいいのか」ということで、政治力のなさに本当に涙《なみだ》が出ますよ。

「香港《ホンコン》も台湾《たいわん》も、もう少し中国と仲良くできないのか」

磯野　いや、本当に難しい状況《じょうきょう》だと思うんですけれども。最後に、香港《ホンコン》の方々に対して、何かメッセージはございますでしょうか。

ローマ教皇守護霊　うーん……。はあ（ため息）、何とか中国本土と良好な関係をつくれるように、努力ができないかなと。

今、「コロナウィルスでデモができなくなっているのを幸いに、デモの首謀者《しゅぼうしゃ》たちを逮捕《たいほ》している」とかいう噂《うわさ》を聞いておりますけれども。その逮捕している、命令を出している人たちにも、クリスチャンは上にいるので。

なんか、「クリスチャン同士で逮捕し合う」というようなことは、もう、なるべく避けたいし。うーん……、まあ、台湾《たいわん》も総統（蔡英文《さいえいぶん》氏）はクリスチャンのようなので。

それで、「あなたがたが、そういう台湾や香港のクリスチャンも含《ふく》めた活動を応《おう》援《えん》している」というふうにも聞いてはいるから、もう頭が〝混線〟して困るんですよね。

いやあ、「そちらのほうが、ローマ法王がやらなきゃいけないことなのか」とも思うこともあるんですけれども。でも、そちらを応援すると、中国からの攻撃を加速させる可能性もあるような気もするので。

うーん……。なんか、信仰者が「長いものに巻かれろ」と言うのは、あんまりいいことではないのかとは思いつつも、現実問題として、大中国に香港や台湾が勝てるわけもないから、「もう少し仲良くできないのかな」っていう感じは、あることはあるんですがね。

## 「イエス様の霊言《れいげん》が本物なら、私はもう引退します」

吉井　弱者に寄り添《そ》うお姿を示すことで、「世の中に争いが起きないようにしたい」というお気持ちは強く伝わってきます。

ローマ教皇守護霊　まあ、あなたがたに、「キリスト教の伝統的な考え」か、あるいは、私が伝統的でないかもしれませんが、バチカンの伝統に反した、最貧国から出てきた法王なんで、キリスト教から見れば、〝革命的な法王〟の可能性もあって、ちょっと本当によく分からないんですけれども、「そのローマ法王が言っていること」と、「イエス様が、もし、現在ただいま言っていること」とが矛盾《むじゅん》しているということなら、矛盾は矛盾のままでそれを発信して、「どっちを受け取るか」っていう、クリスチャンの人たちの受け止め方もあるかとは思うんですけどね。

ただ、もし、そちらから出ているイエス様が、本当のイエス様の霊言《れいげん》で、指導が行われているなら、私はもう引退しますよ。もう要《い》らないですから。間違ったことを言っているんだろうから、引退します。

あなたがたの霊言が本物なら、もう引退します。八十三歳《さい》ですし、もう引退します。だから、私のやっていることは「みんな反対」なんで。イエス様がまったく認めてくださらないなら、もう引退します。

吉井　そうおっしゃらないでください。イエス様は、幸福の科学の働きを見て、キリスト教界にも「本来の使命に目覚めてほしい」と力強く言ってくださっています。

ローマ教皇守護霊　うん。イエス様は、台湾や香港の側に立ちましたか。

磯野　立っておられます。

ローマ教皇守護霊　はあー。〝そちら〟を取られますか。でも、それは必ず迫害を呼びますよね。〝マサダの砦《とりで》〟になる可能性は高いですから。

「日本も中国と仲良くやればよい」と考えるローマ教皇守護霊

磯野　ですから、今、世界中の信仰のある国々が連携《れんけい》して、そういう唯物論《ゆいぶつろん》・無神論と戦っていこうとしております。

ローマ教皇守護霊　でも、中国の無神論は、信用ならない無神論なんですよ。それは、〝毛沢東《もうたくとう》信仰〟や、今それに代わろうしている〝習近平《しゅうきんぺい》信仰〟を立てるための無神論であって。実際に政治・経済的には、もう西側のほうに、かなり雪崩《なだれ》を打って変わっていこうとしている。「いったん経験した豊かさ」っていうのを忘れることができないので。

今、ウィルスで出られないけれども、金を儲《もう》けた中国人が「世界各地に散らばって、いい思いをしたい」っていう気持ちはもう止まらない。

それで、日本にも、安倍《あべ》さんの気持ちも受けて、いっぱい来て、お金を落として、日本に友好的な感情を持っている中国人は、八割近いところまで上がっていて。日本人には、「中国人を好きだ」っていうのは二、三割しかいないんですけど、「お金にはなる」ということで、日中も近寄ってはいたんですけどね。

だから、ウィルスが収まれば、また、中国と仲良くやりながら、「アメリカとどういう関係をつくるか」の問題はあるけど、「アメリカにそんなに防衛してもらわなくてもいい関係にできれば、それでいいんじゃないか」と、私は思ったりもするんですけどね。

「トランプさんが、なぜ香港《ホンコン》や台湾《たいわん》を護《まも》ろうとするのか分からない」

ローマ教皇守護霊　それで、トランプさんも、香港《ホンコン》や台湾《たいわん》を護《まも》るほうの法案を通したりもするんでしょう？　だから、このへんが分からないんですよ。トランプさんのような、強きを挫《くじ》くのが大好きな人が、弱いところのほうを護ろうとしたりすることが分からないんですよ。

吉井　信仰のなかで立てるべき「大義」といいますか、「正義」というものが一本あるのではないでしょうか。

もちろん、教皇の守護霊様がおっしゃるとおり、戦いや争いがなく、誰《だれ》もが平安に生きていけることがよいことだと思います。ただ、一方で、「信教の自由」がなくて、抑圧されて動物のように生きるだけの〝平和〟であっては、神様はよしとされないのではないでしょうか。

ローマ教皇守護霊　単なる政治的アプローチの手法の違いなのかもしれませんけどね。

トランプさんは強硬派《きょうこう》だと思ったら、北朝鮮《きたちょうせん》の金正恩《キムジョンウン》と会って、「友達だ」と言って擁護《ようご》してみたり、実際の核《かく》戦争が起きないようにしようとしてみたりして、それなら、キリスト教徒としては分かることではあるので。「そのアプローチの違いなのかもしれない」とも思ったりもするんですけどね。

まあ、このへんは、〝ブエノスアイレスの人間〟ではもう無理かもしれません。

磯野　いえ、そんなことはございません。

ローマ教皇守護霊　ああ……、分からない。もう難しすぎて分からない。もう分からない。
だから、あなたがたが本当に正しいのなら、それはもうお任せしますけど。うーん……、私が違っているんでしょうかね。分からないんですよ。

「新型コロナウィルスの感染《かんせん》についても、神のお心が分からない」

ローマ教皇守護霊　このウィルスもどうしたらいいのか、もう、いっぱい、全世界の信徒から祈《いの》られているんですけど、分からないんですよ、どうしたらいいか。「神のお心」が分からないんです。なんで大勢の人を感染《かんせん》させて、苦しめて、大勢の人を殺すのかが分からないんですよ。教えてくださいよ。なぜなんですか。分からないんですよ。

吉井　やはり、そこは、神様が何か人間に、「分かりなさい」と伝えている〝天意〟だということではないでしょうか。

ローマ教皇守護霊　いや、分からないですよ。〝禅問答《ぜんもんどう》〟ですよ。うーん……、それ。

吉井　心中お察しします。ただ、今は「ご自身が、これまで正しいとされてきたことのなかで、何か見直すところがないか」を振《ふ》り返る必要があるのではないでしょうか。

ローマ教皇守護霊　だから、あなたがたであれば、「地下教会のクリスチャンたちを地上に出して、正式に、自由に活動させてやれば、ウィルスは治るんだ」とかいうことを平気でおっしゃるかもしれないけど……（笑）。

私はそこまで言う自信がないし、そんな「権力」も「法力《ほうりき》」もないので言えないんですけど。うーん……、「ニューヨーク・タイムズ」に載《の》っていた、人っ子一人いない（ニューヨークの）タイムズ・スクエアで、なんか、おたくの儀式《ぎしき》をやったりすることが、それ、本当にニューヨークのコロナウィルスの死滅《しめつ》につながっているんでしょうか。

吉井　祈りの力によって、人間の免疫力《めんえきりょく》が高まると……。

ローマ教皇守護霊　いや、祈りは私らも十分やっていますよ。イタリアでは、いっぱい人が死にましたよ、祈っても。免疫力が全然高まっていない。

「私は、真実が知りたいだけ」

磯野　教皇様に対してこういうことを申し上げるのは、たいへん失礼ではあるんですけれども、ぜひ、「奇跡《きせき》は起きる」ということを信じていただければと思います。実際、幸福の科学で奇跡が起きておりますので。

ローマ教皇守護霊　いや、それならもう、大川隆法先生にイタリアに来て、バチカンの次の二百六十七代のローマ教皇になっていただいて、イエス様と話していただいたほうが、よっぽどいいですよ。英語でも大丈夫《だいじょうぶ》です、ヨーロッパは通じますから。もう、奇跡を起こせて、イエス様と話ができるなら、どうぞ私の次をやってください。まだ、私より二十も若い。それは、まだ二十年やれる。だから、私がやっていることが全部間違っているのなら、もう、それは引退するしかないですよ。退職金は要らない。もう要らないので。

いや、私は、真実が知りたいだけなんですよ。本当の神の心が分からないし、イエスの心も分からないから。間違った方向へ指導しているなら教えてくださいよ。本当に、それに権威《けんい》があるものなら、それは従いますから、ちゃんと。納得《なっとく》させてくださいよ。

だから、ずっと、ローマ教皇の積み重なってきた前例に基づいてやっていて、一部、南米から来た〝革命児的なもの〟も入れて、考え方を改めているつもりなのに、それで違っているなら、その「もとのオーソドックスなローマ教皇の考え」がよかったのか、よく分からないんだ。

だいたい、あなたがたは、なんで、そんな天上界《てんじょうかい》のことが分かるんですか、もう。全然、私には分からない。ここの何？　奥様《おくさま》（大川紫央総裁補佐《ほさ》）からは、さっきは、もう本当に立ちはだかられて、上から下へ、「ローマ教皇なんて、しょせん人間ですから」っていうような感じで言われたんだよ（本書第一部 第2章参照）。

磯野　いえいえ、そんなことはありません。ちゃんと敬意を持って……。

ローマ教皇守護霊　ハッ（苦笑）。「恐《おそ》れ入りました」って、もうさ。もう、「畏《おそ》れ多くも畏《かしこ》くも、来させていただきました」って、そういう……。

考えが違《ちが》うのは、「国際政治の見方の差」の問題？

大川紫央　もう少し、「正邪《せいじゃ》」の考え方を持たれたらどうでしょうか。

ローマ教皇守護霊　分かりません！　神じゃないから分からない。

大川紫央　でも、ご自分の考えに合わない神の声が降りてきたら、それは、やっぱり否定されたいんですよね。

ローマ教皇守護霊　いやあ、イエスであってほしくない気持ちはあります。いや、仏陀《ぶっだ》が言うのは構いません。仏陀はいいです。だけど、仏陀なら仏陀で選択《せんたく》、チョイスを固めてくだされば、イエスと違《ちが》っていても別に構わない。でも、イエスが言うとなると、私たちは関係がありますから。

大川紫央　でも、先ほどから、「伝統的なキリスト教の考えはこうだ」とおっしゃっていたんですけれども、今までキリスト教国も、例えば、十字軍を派遣《はけん》していたように、「戦い」の考え方を持っている時期もけっこう長かったと思うんですね。

ですから、今の教皇の守護霊様のお考えが伝統的なものなのかどうかについても、分かりかねるところはあると思いますし、その時代時代によって、弟子《でし》のつくってきた考え方のなかにも変遷《へんせん》はあるのではないかと思います。

ローマ教皇守護霊　でも、なんかね……、いや、ちょっとは勉強しているんですよ。あなたがたの言っていることを、ちょっとは勉強しているんですが、宗教的な教義だけではないような気がして。私も、まあ、世界のいろんな人と関係がありますから、国際政治は、やっぱり仕事の一部に入ってはいるので。もしかしたら、教祖として、「国際政治の見方に、なんか差があるのかな」という気もしています。「これは教義の問題ではなくて、国際政治の見方の差なのかもしれない」という気も、ちょっとすることはするんです。私は、ブエノスアイレスから世界を見ている人間だから、本当に。

## 神仏の観点から世界を見ることができるかどうか

大川紫央　教皇の守護霊様のお考えでいくと、政治のほうが宗教より「上」なのでしょうか。「宗教よりも政治の考え方のほうで、すべて考えておられるのかな」という感じがするんですけれども。

ローマ教皇守護霊　いや、宗教の始まりは、もう個人個人の救済なんですよ。「一人ひとりの悩《なや》みを聴《き》いて救済して、罪を告白させて、何とか神の道に入らせる」っていう。これはみんなやってきていることですが、だんだん、階層が上がって上のほうになれば、どうしても大勢の人を管理しなきゃいけないし、他の者との折衝《せっしょう》とかが多くなってくるので、政治的になってきて、そういう能力が測られるようになってきます。

次第《しだい》に、宗教家のなかで、個人の悩みを解決する能力を持っている宗教家として名を少し上げるんですが、一定からあとは、そうした会社の社長や政治家の能力なんかに似たようなものを持っている人が上に上がってくるのはそうです。

**大川紫央**　ただ、大川総裁から出ている考えは、単に国際政治的な観点から見ていらっしゃるだけではなくて、やはり、「人として、人類として、どういう生き方をするべきなのか。どういう心を持って生きるべきなのか」という観点から見ておられると思うんですね。その上で、国のあり方についても、「その国のあり方をよしとするかどうか」「その国の統治の下にある国民は、神仏の子として幸福なのかどうか」という観点で見ておられるので、政治が上にあっての考え方ではないというところは、お分かりいただきたいと思います。

あくまでも、宗教家として、「神仏から見てどうなのか」という観点から世界の政治も読み解いておられますので、そこは少し違うのかなという気がします。

ローマ教皇守護霊　それはそうだよ。日本の天皇も〝現人神《あらひとがみ》〟だったこともあるけど、習近平が目指しているのは、おそらく〝現人神〟だと思うけど、これは霊界《れいかい》を信じていない〝現人神〟ですから……。

大川紫央　そうですね。

ローマ教皇守護霊　要するに、「地上の最高権力者」という以上のものでは……。

大川紫央　ではないとは思いますね。

ローマ教皇守護霊　ないですよね。だから、「それは違っている」とは、それはそうだろうとは思う。

ただ、神を信じて、霊界を信じているローマ法王だからといって、「〝現人神〟になれるか」っていったらなれない。だから、そういう判断が違ってくるので、この世の者と。

大川紫央　ローマ教皇はとても偉《えら》い方ですけれども、「弟子」という立場では私も同じですので、お気持ちはよく分かります。ただ、私たちとしては、「神仏からは、やはり、人間というか、私たちの考えの範囲《はんい》を超《こ》えた考え方が降りてくることもある」ということを、まず受け入れられたほうがよろしいのかなと思います。

## 7 大救世主はローマ教皇を超《こ》える

### サン・ピエトロ寺院で祈《いの》らずに、なぜイエスが降りてくるのか

ローマ教皇守護霊　私が不思議なのは、あなた様は台所仕事には立たないかもしれないが、家族と会話されたり、お茶を出されたり、テレビを一緒《いっしょ》に観《み》たりされている方なんだろうと思うが、そういう人のところにイエス様が来られて話をするんですか。

大川紫央　します。

ローマ教皇守護霊　どうして、そんなことがありえるんですか。

大川紫央　ただ、いつの時代も……。

ローマ教皇守護霊　サン・ピエトロ寺院で祈《いの》らないで、どうして、そういうことがありえるのかが、台所やそんなリビングにイエスがお出《い》でになって話をされることが、私には理解ができないんですよ、どうしても。

大川紫央　私はあんまりそんなに言える立場ではありませんけれども、キリスト教の歴史におきまして、「教会に帰依《きえ》するのが本当の信仰《しんこう》なのかどうか」という革命が、ルターなどによって何度も起きていますが、やはり、「心のなかで、神につながれるかどうか」というのが大きいと思います。

ローマ教皇守護霊　ああ、難しい。

あなたがたに、〝すごく性格のいい方だけ〟（質問者として）出ていただいて、まことに申し訳ないです。

磯野　いえ、そんなことはございません。

ローマ教皇守護霊　「私が一方的に論戦で負けると、キリスト教が非常に危険な目に遭《あ》うため、申し訳ないけど、幸福の科学のなかで、選《よ》りすぐりの人柄《ひとがら》のいい人を選んでください」とお願いしたら、こういう感じになったので。

今日は、〝お客様〟も見えているので（質問者候補だった小林常務理事と市川専務理事が聴聞席《ちょうもんせき》にいる）、何か言いたいことがあったら、〝お客様〟の方も、遠くからでしたら構いませんから、言ってくださって結構です。お答えします、もったいないので。

「神通力《じんつうりき》がないので、イエスの考えを見通せない」

小林　では、一点だけ。

ローマ教皇守護霊　はい。

小林　論点がいろいろなところにだいぶズレてしまったのですが、いちばん最初に戻《もど》りますと、「なぜお膝元《ひざもと》のイタリアで、これだけ病《やまい》が流行《はや》っているのか」という原因に関して、イエス様がおっしゃったことと、教皇の守護霊様の考えのなかに、どうも違《ちが》いがあるらしいと。

ローマ教皇守護霊　ほう。

小林　その違いに関して、今、どう考えておられるのか。なぜ、これだけコロナがバチカンの足元に流行ることになったのか。そこをどのようにお考えか。そういうことが、今日の「メインテーマ」だったと思います。

ローマ教皇守護霊　イエス様は、簡単に言うと、なぜ流行ったとおっしゃったのですか。

小林　いろいろな言い方をされていました。

ただ、教皇の守護霊様が疑問に思われたのは、例えば、イエス様ご自身が、中国の生物兵器などについて言及《げんきゅう》されたことだと思います。「そういうことを言われてしまったら、自分としてはもう立場がない」と。かいつまんで言えば、そう考えていらっしゃると理解したのですけれども。

そして、先ほど総裁補佐《ほさ》も申し上げたとおり、「中国の仕業《しわざ》である場合は、正義の観点に悖《もと》るので、アメリカは報復することになる」ということで、イエス様も、そのスタンスに立たれていました。

そのことに関して、今のご自身の立場からすると、「私としてはもたない。何とかしてくれ」というようにおっしゃったように聞こえましたので、これが、たぶん今日のメインテーマだったと思うのです。

ローマ教皇守護霊　ああ、そうですか。

小林　ええ。

ローマ教皇守護霊　私は、イエス様が降り来《きた》りて、もしサン・ピエトロ寺院で声が聞こえてきてですねえ、「ローマ法王よ。中国は、武漢《ぶかん》で生物兵器を研究しておって、そのウィルスを世界に撒《ま》いて、世界の人を何億人と殺そうとしておるのだ」というイエスの声が聞こえてきたら、まず「悪魔《あくま》ではないか」と疑いますから、どうしても。そんなはずは……、「イエスは、そんなことを言ってくる」ということは、まず考えられないし。

もう一つ、二番目には、私には神通力《じんつうりき》がないために、「そういうことがまったく見通せない」という壁《かべ》があります。

## イエスと考えが違《ちが》う理由とは

小林　その場合、「『中国の習近平《しゅうきんぺい》氏のほうが、実は悪魔なのではないか』ということを見抜《みぬ》かなければいけないない立場にあるのではないですか」というのが、たぶん隠《かく》された質問だと思うのですが。

ローマ教皇守護霊　そういう考え方ですか。

確かに、トランプさんも言うことをきかない。習近平も言うことをきかない。両方きかないんです、私の言うことを。まったく権威《けんい》を認めていない。要するに、「ローマ法王より自分たちのほうが上だ。偉《えら》い」と思っているんだと思うんです。

なぜなら、「軍事力」を持っているからね。彼らの軍事力をもってしたら、キリスト教の祈りなんか踏《ふ》み潰《つぶ》すのはわけないので。平《ひら》信徒たちの祈りなんか、巨象《きょぞう》のように踏み潰していくので。だから、そのへんだろうと思うんですけどね。

確かに、バチカン市国は、スイスの警備兵を入れても、二千数百しかいないので、世界一小さい国なので、この世的な力はないんです。

だから、本当に「思想の力」や「信仰の力」しかないので。それは一緒なんですけどね。

うーん。あれ？　それがメインテーマ？　イエスとなぜ違《ちが》うかがメインテーマ？

それは、「私が偉くないから」ということしか結論はないでしょう。それだけでしょう。

## 神は、アメリカも処罰《しょばつ》されようとしているように見える

大川紫央　お聞きしていると、根本的にやはり、中国と習近平氏に対する見方がイエス様と〝真逆〟になられているところが……。

ローマ教皇守護霊　それは、習近平のほうが私より偉いんでしょうよ。

大川紫央　悪魔といいますか、先ほどヒットラーというたとえも出ましたけれども、釈尊《しゃくそん》やイエス様から見ると、習近平氏は、今、〝現代のヒットラー〟になっているか、それを超《こ》えつつあるので、そこを見破らなければならないのが、教皇のお立場なのではないでしょうか。

ローマ教皇守護霊　でも、ニューヨークのほうが、死者が大量に出ているのを見る

と、アメリカも、神が処罰《しょばつ》されようとしているように見えなくもないし。

大川紫央　ニューヨークは、アメリカのなかでも、いちばん民主党の地盤《じばん》といいますか、左翼《さよく》的な考えが強いので。

ローマ教皇守護霊　「トランプさんに投票しなかった人が次々と死んでいる」ということですか。まあ、トランプさんは納得《なっとく》するでしょうね。それは認めるでしょうね。「そうだ」と、たぶんおっしゃるでしょう。左翼マスコミも多いわけですから。

大川紫央　左翼が多くて、教皇のお考えに近い方々がたくさんいらっしゃる地域だとは思います。

ローマ教皇守護霊　そうです。そうなんです。

だから、マスコミの原点は、西洋型は、「弱者の味方」というのをスタート点にするから、左翼になるんです、基本はね。もうちょっと大所高所《たいしょこうしょ》から見るようになったら、考え方が変わってくることもあるのですが、記者の立場でいくと、みんな、だいたいそうなりますね。マルキストみたいなことを書きますね。

**大川紫央**　アルゼンチンで見てこられた不幸を、けっこうアメリカのせいにされているところも大きいのかなと思います。

でも、例えば、トランプさんのような人が一人アルゼンチンにいて、もしトップに立たれたら、アルゼンチンの経済とかは、けっこう劇的に回復をしていくはずです。

**ローマ教皇守護霊**　それは「イフ」ですよ。イフですが、アルゼンチンにはトランプは生まれないんですよ。ああいう魂《たましい》はねえ、ちゃんと金儲《かねもう》けができるところを選んで生まれるから、アルゼンチンなんかには出てこないんですよ。

南米なんか、何千パーセント以上のインフレが起きているところもあるんだけど。日本のトップクラスの人でも、たぶん、そういうインフレを収める力は持っているだろうと思うんだけど、来てくれませんからね。日本人に生まれるほうを選ぶからね。そんなところには来ないんですよね。

だから、経済も政治もすごくレベルが低いんですよ、現実に。でも、それは国民の力と合っているんですよ、本当はね。で、祈りだけで解決しないんですよ。まあ、それはそのとおりなので。

「習近平《しゅうきんぺい》は、もしかしたら悪魔《あくま》かもしれない」と思ってはいる

ローマ教皇守護霊　「習近平《しゅうきんぺい》は、もしかしたら悪魔《あくま》なのかもしれない」と、私だって思ってはいますよ。悪魔かもしれないけれども、あの悪魔は賢《かしこ》いですよ、かなりねえ。この世的には賢い。だから、この世的に破滅《はめつ》する。悪魔なら最後は破滅する

はずですが、破滅する前までは、すごい賢いんですよ。

ヒットラーもそうでしたから。破滅前までは〝救世主〟だったので、ヒットラーも。第一次大戦でボロボロになったドイツを、（敗戦から）二十年で最強国に近づけて、「ドイツのほうがアメリカより科学技術的に進んでいる」とみんな信じていたんですから。

だから、日本も同盟を組んでしまった。で、最後、あんな破滅でしょう。破滅が来たら〝悪魔〟になるけど、それまでは〝救世主〟みたいに見えるんですよ。だから、分からないことがあって。

「私は村長《むらおさ》のレベルなので、世界を語るには力が足りない」

ローマ教皇守護霊　悪魔もけっこう頭がいいんですよ。だから、ローマ教皇より、普通《ふつう》、頭がいいんですよ。大天使も頭がいいし、悪魔も頭がいいし、もちろん神はもっと頭がいいと思いますが、私たちはどうせ、凡俗《ぼんぞく》の、平凡な人間のなかの村長《むらおさ》のレベルなんですよ。たぶん酋長《しゅうちょう》ですよ、きっとね。南米の酋長ぐらいの人だと思うんですよ。だから、世界を語るには力が足りないんだろうと思いますよ、悲しいけど。

でも、「そういう人だからこそ、世界の貧困国の人の気持ちが分かるだろう」ということで、たぶん（教皇に）選ばれたんだと思うんですよ。だから、その立場で意見を言っているんですけどね。

アメリカの大統領の立場で私が言ったらいけないから、（その立場で）言っているつもりなんですけどね。その立場で言える人は少ないからね。

はあー（ため息）。そうか、それが争点か。

それはね、「フランシスコは、普通の人間界から生まれ変わってきた」と言えば、それで結論は終わりですよ。だから、残念だけど、「聖人ではなかった」と。それが結論です。それなら、つじつまが全部合いますから。

「日本が宗教で先進国になっているとは思っていなかった」

大川紫央　以前お話しさせていただいたとき、愛の思いや優《やさ》しさをとても感じました、貧困で苦しんでいる方とかを実際に見て、救いたいと思っていらっしゃることは、とてもいいことだと思うのですけれども、イエス様から、マクロ的な目で世界を見たときの情勢が霊言《れいげん》として語られておりますので、ぜひ、「もっと大きな観点から見た、神の声だ」ということで……。

ローマ教皇守護霊　はあ……（ため息）。

大川紫央　素直《すなお》に心を開いて、学んでいただきたいと思います。

ローマ教皇守護霊　あなたがたのところに降りているイエスが、「本物のイエス」

だとすれば、二千年前のイエスより賢くなっていますよ、どう見ても。あんなイエスではないはずで。ガリラヤの漁師《りょうし》たちを弟子《でし》にしてやっていたイエスですから、あんなイエスではないはずなんですよ。国際政治経済に意見が言えるようなイエスではないはずなんですよ。人の心についてだけ言っているので。

磯野　イエス様がいらっしゃった当時の時代性や地域性によって、説かれた教えに限界はありましたけれども、天上界《てんじょうかい》、霊界《れいかい》にいらっしゃるイエス様は、今も地球上の人々を見て、弱い人たち、貧しい人たちのために心を配られていらっしゃいます。そして、「今、幸福の科学の大川隆法総裁の言葉を通して、メッセージが伝えられている」ということが、霊的な事実かと思います。

ローマ教皇守護霊　はあ。まあ、日本に福音《ふくいん》があるんですねえ。そんな方が日本に生まれたのなら、それはすごいことでしょう。

もし、あなたがたが言っていることがそうなら、それは「大救世主の降臨《こうりん》」ということになるのだろうと思うけど、それはローマ法王を超えるはずです。

磯野　そうですし、私たちは、決してバチカンやカトリック教会を否定している者ではございません。

ローマ教皇守護霊　ああ。

磯野　「信仰を持つ者が、この地球をよりよき方向に、神様の願われる方向にリードしていく世の中にしたい」という思いでは一致《いっち》しておりますので、ぜひイエス様のメッセージを学んでいただきまして、教皇の守護霊様から全世界のクリスチャンに対して、メッセージを頂ければと思います。

ローマ教皇守護霊　ウィルスが終わったら、またイタリアに遊びに来てくださいね。そして、バチカンにも来てくださいね。いやあ、本当に大事です。「お付き合いがある」ということは大事なことだと思います。

私たちは、経済で日本に何十年も後《おく》れを取っておりますけれども。まあ、イタリアのほうはね。だけど、宗教で、そんなに後れを取っているとまでは思っていなかったのでね。宗教で日本がそんなに「先進国」になっているとは思っていなかったので。ちょっと、うーん、勉強させていただいています。

## 「バチカンのエクソシストは効かない」という正直な告白

ローマ教皇守護霊　あと、もう一人、なんか〝怖《こわ》い顔〟をして見ている人がいるので。どうぞ。

市川　本日はまことにありがとうございます。

ローマ教皇守護霊　遠ざけまして、すみません。何回も。

市川　いえいえ。私からは、宗教の本道のお話をお訊《き》きできればと思います。奇跡《きせき》についてです。

ローマ教皇守護霊　はい。

市川　バチカンには、エクソシスト（悪魔祓《ばら》い師）の方もいらっしゃると思います。

ローマ教皇守護霊　はい。

市川　また、幸福の科学でも今年、●映画「The《ザ》 Real《リアル》 Exorcist《エクソシスト》」というかたちで、

●映画「The Real Exorcist」　2020年5月公開予定の映画「心霊喫茶『エクストラ』の秘密―The Real Exorcist―」（製作総指揮・原案 大川隆法、脚本 大川咲也加）のこと。

「本当のエクソシストの世界を描《えが》こう」と思っております。そこで、エクソシストや悪魔の実在、もしくは奇跡について感じているところを、もう一度教えていただければと思います。

**ローマ教皇守護霊**　もう、どんな質問が来ても、結局一緒なんですね、答えは。一緒にしかなりませんね。

「幸福の科学のエクソシストは効くけれども、バチカンのエクソシストは効かない」ということです。ほとんど負けます。

ほとんど何にも効かないので。〝最後の気休め〟なので。病院で治らなかったときに、最後にすがってくる人がいるから、いちおうやるんですけど、治ったためしはほぼないので。一見よくなったように見えても、少し目を離《はな》せば、すぐ一緒になりますから。あなたがたの言葉で言えば、「成仏《じょうぶつ》させる」ということですかね。まあ、悪魔は成仏させられないのかな。「最終的に、追い払《はら》ってもう二度と来れないようにする」ということはできない。

一生懸命《いっしょうけんめい》祈祷《きとう》して、十字架《じゅうじか》や聖水やお祈りで追い出す、体から引き剝《は》がすことは、一時的にはできるのですが、一週間ともたないで戻ってくるので、根本的に治すことはできない。根本的にエクソシズム（悪魔祓い）をすることができないので。私たちは、消防隊みたいに「ボヤが出たら火を消す」感じのことを繰《く》り返すことしかできないので。

ニーズはものすごくあるんです。年間五十万件以上、「エクソシストを送ってくれ」みたいな〝あれ〟はあるのですが、実際上そんなことは応対できないし、やっても無駄《むだ》なことを知っているので。（本当に悪魔に憑《つ》かれている場合）ほとんど九十何パーセントは〝病院送り〟です。「精神病院に行ってください」「薬を飲んでくださ い」というのがほとんどです。

## 悪魔《あくま》に名乗らせるところで終わり、原因を見破れないキリスト教

ローマ教皇守護霊　あなたがたのほうは、本当にやっているんだと思います。儀式《ぎしき》としてはあるのだけれども、私たちのほうでできないのは、たぶん「原因がなんでこうなったか」のところが見破れないからだと思います。原因が見破れず、「この人の処方箋《せん》として言うべきことは何か」ということまで出せないからだと思います。

私たちのエクソシズムは、憑いている悪魔《あくま》に名乗らせるところまでで終わっているので。これはマスコミの原理とほとんど一緒で、「悪いことをしている」ということを明るみに記事に出したら、それだけで動くでしょう。例えば、大臣のクビが飛んだり、首相のクビが飛んだり、政治家や官僚《かんりょう》がいなくなったり、芸能人がテレビに出られなくなったりするでしょう。

「悪いことみたいなのを明るみに出したら、活動しにくくなる」というマスコミの原理とほとんど一緒で、エクソシズムの原理は、基本的に、悪魔の正体、「何て

いう悪魔か」ということを相手にしゃべらせるところまで攻《せ》め続けることなんですよ。

普通の人でも、拷問《ごうもん》みたいに一日締《し》め上げられたら、何かは白状しますが、名前ぐらいはやっぱり言ってしまう。名前が知れてしまうと、何となくいられない感じになってきて、近づきにくくなる。そのあたりがエクソシズムの限界です。

聖水や『聖書《せいしょ》』や十字架がどこまで効くかは、私たちにも本当は分かりません。ローマ法王といえども、エクソシズムは実はできないんです、申し訳ございませんが。もし信者とやっても、ただの儀式にしかすぎません。

まあ、喜んではくれますけどね。聖水を垂らしても、十字架を当てても、『聖書』を読んでも喜んではくれますが、エクソシズムができたかどうかさえ分かりません。だから、あなたがたのほうが、そこは進んでいらっしゃるとは思いますが。

結局、「負け」ではないですか。ということで、あなたがたは、もっと大きくなるべきだ。

## 8　ローマ教皇守護霊からのメッセージ

### 世界のキリスト教徒に言いたいこと

吉井　本日、こうして教皇の守護霊様がお話をされていることも、たいへん奇跡《きせき》だと思います。

ローマ教皇守護霊　いや、そう思ってくれるの？　あなた、優《やさ》しい人だ、ありがとう。

先ほど、「ただの人間」と言われて、私はここに来たんで、〝ぐずって〟なかなか来られなかったんですよ。もう気分が悪くて、「なんか話ができるような環境《かんきょう》をつくってくれ」と言って、ちょっと揉《も》めていたので。「どうも、〝いやらしい人〟が来ているらしい。『バチカンの化《ば》けの皮を剥《は》がす』みたいな企画《きかく》を立てようとして来ている人がいるんじゃないか」っていうことで。

磯野　いえ、そのような意図はございません。

ローマ教皇守護霊　「キリスト教の学校を卒業した人を集めてくれないか」とか、いろいろ交渉《こうしょう》していたんですけどねえ、あんまりいないとのことで、まあ……。いやあ、大きくなりなさいよ、もう。本当はバチカンなんか超《こ》えているでしょう、現実には。

だから、総裁にもっと偉《えら》くなっていただいて、メッセージが世界に届くように、もっと努力してください。

ローマ法王のメッセージなんか、新聞の記事に載《の》るけどね、何にも霊力《れいりょく》はありませんから、本当に大事なことを言ってもらったらいいですよ。

ああ……（息を吐《は》く）。

**磯野**　いえ、教皇様も十数億のカトリック信徒を導いていらっしゃいますので……。

**ローマ教皇守護霊**　まあ、いたらね？　もし、いたとしたらね？

**磯野**　世界中の信徒が、教皇様を通して、イエス様の救いを求めていらっしゃいますので。私たちとしましても、バチカンにもイエス様の光が臨《のぞ》み、多くの方々の病《やまい》が癒《い》やされますように、多くの方々が本当に天国に導かれることを祈《いの》っています。

**ローマ教皇守護霊**　分かりました。

今日はもう二回目かな。この前も一回来ましたので、交流して（本書第二部参照）。

今回は、ちょっと、世界パンデミックのなかを来まして、祈られても力がなくて、応《こた》えられなくてずっと苦しんでいたので。「イエスがこっちに出た」っていうのを聞いて、私まで来てしまったものなんですけど。

「世界のキリスト教徒に言いたいこと」は、うーん、『聖書《せいしょ》』や教会の教えで、癒やされたり救われたりすることもあるとは思いますが、それで救われる人はよし、それで十分に救われないと思う方は、ハッピー・サイエンスの教えなんかもお学びになったら、よりよく天上界《てんじょうかい》の実相が分かって、イエスの心が分かるのではないかと思います。

ということで、最終的には、ローマ法王はこの地上の者です。で、ハッピー・サイエンスは、天上界から何かの使命を受けて、梯子《はしご》が降りてきたものだろうと思いますので。まあ、できれば、「憎《にく》しみ合う関係」ではなく、「補完し合える関係」になるように努力したいと思っています。

私らから言えば、「イエスが弟子《でし》として働いている」と言われても、ちょっと、なかなか理解ができないんですよ。だから、「イエスが、エル・カンターレという人の右腕《みぎうで》になっている」と言われても、ちょっと、スッとは受け入れられないところがあって、うーん、これは人間的なものだろうとは思いますが。

もし、そういう方が、今、こうした世界的な危機のなかに存在していらっしゃるのなら、それは、人類にとっては福音《ふくいん》ですので、ありがたいことだと思っています。まあ、たぶん、考え方に違《ちが》いはあるとは思うんですが、いずれにせよ、世界がよい方向に行くように祈っていきましょう。共に祈るようにしていきましょう。

吉井　はい。

## ローマ教皇守護霊からのエール

ローマ教皇守護霊　本当に、こんな機会を与《あた》えていただきまして、ありがとうございました。

磯野　いえ、こちらこそ、本当に長時間ありがとうございます。

ローマ教皇守護霊　また、予定になかったのに、いろいろと問題を起こして、みなさまがたに迷惑《めいわく》をかけ、奥様《おくさま》（大川紫央）にご迷惑をおかけしましたことを、心よりお詫《わ》びいたします（本書第一部 第2章参照）。

それから、先ほどは、日本の遠藤周作《えんどうしゅうさく》氏（本書第一部〈付録〉参照）まで出てきて、「神は沈黙《ちんもく》するものだ」とかいう余計なことを言って、止めに入ってきたのも、これが日本のカトリックの現状でしょうから。「神が答えてはいけない」「イエスも答えてはいけない」という、「それがカトリックだ」なんて言っている。まあ、これはもう、どうしようもないレベルだと私も思いますが、それが現状ですので、教会の現状はそうなんで。お答えがないんです。

**大川紫央**　先ほど、イエス様が「現代」について詳《くわ》しく語られていることに対して、「ちょっとありえない」というようなお言葉もあったと思うのですけれども。

ただ、「現代性」を持っているということ自体が、イエス様自身が地上を去られたあと、それ以降も天上界から人類のことをずっと見守り続けてくださっているという、その「証明」でもあると思いますし、やはり、そこに「人類に対する神からの愛」があるということだとお受け取りいただきたいと思います。

**ローマ教皇守護霊**　はい。そうであってほしいですね。

今日はみなさまがた、とてもいい方で、「バチカンは悪魔《あくま》に支配されている」とまでは誰《だれ》もおっしゃらなかったので、ありがとうございます。よかったです。「言われるかな」と覚悟《かくご》して、最後のほうは思っていたんですけど。（私が）習近《しゅうきん》平《ぺい》を持ち上げたりしたんで、「きっと言うかな」と思っていたんで、最後に〝あちらの方〟（聴聞者《ちょうもんしゃ》のこと）をご指名して、一言《ひとこと》、言わせてあげようと思って回したなかったんですけれどもね。

いや、悪魔のつもりではないんですけれども、「この世では私たちの力が及《およ》ばないところが数多い」ということで、そういうところとの話し合いには、いろいろとこの世的な折衝《せっしょう》をしなきゃいけないことが多いということなんですね。

これは、おたく様もおそらく、これから世界各国と渡《わた》り合っていくときに同じ問題は、「政治外交的な問題」は起きると思います。「経済的な問題」も、たぶん出ると思うので、大を成すことをお祈り申し上げます。

（幸福実現党は）政治活動も、今日もやっておられると思いますけれども、なかなか政権も取れず、苦しんでおられると思います。ヒットラーも政権を取り、ムッソリーニも政権を取れたのに、なんで神の力が臨んでいるところが政権を取れないのか、悩《なや》ましいと思いますけれども。まあ、ただ、日本のキリスト教団が政党をつくっても、やっぱり、当選するのはかなり難しいと私は思います。

だから、既成《きせい》政党のなかにクリスチャンが入って、当選することはできますが、クリスチャンだけで政党をつくって、日本でやっても、当選者はやっぱり出ないと思いますので。これが日本の今の難しさだと思うので、どうか、粘《ねば》り強く頑張《がんば》ってください。

日本の大司教とか枢機卿《すうききょう》とか、まあ、いるかどうか知りませんが、そんな方が立候補したところで当選しません。キリスト教の人が立候補してもね、当選しないんで。それが今の日本の国体だと思います。

いろいろ、無理解はあると思いますけれども、頑張ってください。

ああ、今日はどうも、本当に貴重な機会を頂きまして、ありがとうございました。

磯野　こちらこそ、本当にありがとうございました。

## 9　収録を終えて

大川隆法　（手を二回叩《たた》く）ああ、だいぶ難しく論理の正反対から攻《せ》めてこられて難しい。グルッと回りましたが、最後のほうはちょっと折れてくださったような感じではありましたがね。

やはり、心労しているのだろうとは思います。八十三歳《さい》のご高齢《こうれい》で、世界の危機において何もできないことを、とても悔《くや》しい思いでいるのでしょう。自分の意見を発表するぐらいしかないのでしょうけど、その意見も、世界を救うところまでは行かない。この悔しさを、感じておられるのだろうと思います。

今日ここに来られたのは、その良心を持っておられるからそう感じたのでしょう。何らかのプラスに働きますように祈《いの》らせていただきまして、今日のセッションを終わります（手を一回叩く）。
　ありがとうございました。

磯野　総裁先生、まことにありがとうございました。

大川隆法　はい。はい。

# 第2章

# 「イエス・キリストの霊言《れいげん》」への疑念について

## ―ローマ教皇守護霊《しゅごれい》の霊言―

二〇二〇年四月二十五日　収録

幸福の科学　特別説法堂《せっぽうどう》にて

質問者

大川紫央《おおかわしお》（幸福の科学総裁補佐《ほさ》）

［役職は収録時点のもの］

## 1　ローマ教皇の守護霊《しゅごれい》が現れた背景

### 「イエスの霊言《れいげん》」の校閲《こうえつ》後に現れたローマ教皇守護霊

〔編集注。本霊言《れいげん》は、「ローマ教皇守護霊《しゅごれい》の霊言」〔本書第一部 第1章〕の収録前の午前中に、大川隆法総裁が『イエス・キリストはコロナ・パンデミックをこう考える』〔前掲《ぜんけい》〕の校閲《こうえつ》を行い、その内容に反応したローマ教皇守護霊が来たため収録された。なお、収録時、背景に大川隆法総裁の瞑想修法《めいそうしゅうほう》の音声がかかっていた〕

大川紫央　どなたですか。苦しそうな顔をしておられます。

ローマ教皇守護霊　ハア。〔約五秒間の沈黙《ちんもく》〕うーん。

大川紫央　どなた?

ローマ教皇守護霊　うーん。ううーん。うーん。(息を吸う)ハア、ハア、ハア。

ハア、ハア、ハア、ハア、ハア。

大川紫央　ハア、ハア言っている。

ローマ教皇守護霊　ハア、ハア、ハア、ハア。

大川紫央　苦しいですか?

ローマ教皇守護霊　ハア。

大川紫央　苦しいのですか、コロナウィルスで？

ローマ教皇守護霊　ハア。

大川紫央　コロナで苦しいですか？

ローマ教皇守護霊　（息を吸う）ハア。

大川紫央　あなたは日本の人ですか。

ローマ教皇守護霊　ハア、ハア、ハア。ハア。ハア、ハア、ハア。

大川紫央　コロナに罹《かか》っていますか（質問者注。それほど、苦しそうだった）。

ローマ教皇守護霊　あ、あ、あ……。フランセ……。フラン……。

大川紫央　えっ？　ザビエル？

ローマ教皇守護霊　シスコ。フランシスコ。法王。

大川紫央　あっ、今日はイエス様の霊言の校閲日だった。

ローマ教皇守護霊　ああ。つらい。苦しい。悲しい。

大川紫央　コロナに罹ってはいないですよね？　今。

●イエス様の霊言……　大川隆法総裁は本霊言収録当日の午前中に、『イエス・キリストはコロナ・パンデミックをこう考える』（前掲）の校閲を行《おこな》っていた。

ローマ教皇守護霊　いや、分からん。

大川紫央　ああ、そうか。教皇庁のなかでも、けっこう罹っているのでしょうか。

ローマ教皇守護霊　蔓延《まんえん》している。買い物には行かなくちゃいけない。なかだけでは生活ができない。なかの人、うちの庶務《しょむ》の人は買い物に行かなくてはいけない。

大川紫央　うちも同じです。

ローマ教皇守護霊　イタリアの街に行かないといけない。

大川紫央　そうですね。イタリアは日本よりもっと危険ですよね、今。

ローマ教皇守護霊　バチカンのなかでは何もつくれないのでね。困っているんで、祈《いの》っているんですがねえ。

「キリスト教徒に呼びかけたい」と訴《うった》える

ローマ教皇守護霊　すみません。●（松下《まつした》）幸之助《こうのすけ》先生の〝あれ〟もあるとのことではあるが、私も呼びかけたいんですけど……。駄目《だめ》かな。私じゃ駄目？

大川紫央　霊言で、ですか？

ローマ教皇守護霊　うん。キリスト教徒に呼びかけたい。

大川紫央　なるほど。何を呼びかけられますか。

●（松下）幸之助先生……　本霊言収録の翌日（4月26日）に「大恐慌時代を生き抜く知恵―松下幸之助の霊言―」を収録した（幸福の科学の支部、拠点、布教所〔緊急事態宣言発令期間のみ〕、精舎《しょうじゃ》で公開）参照。

今回、イエス様がもう呼びかけられたんですけど、イエス様は、「今、イタリア、キリスト教の本拠地《ほんきょち》があるところに（新型コロナウィルスが）いっぱい広がっているのは、『バチカンが中国に負けているから』ということもあるのではないか」というようなことを……。

ローマ教皇守護霊　いやあ、バチカンだって、やっぱり、正式に、公式なことを何か言わなきゃいけないので。コロナウィルスが世界に広がっていることをどう思っているか、言わなきゃいけない。

大川紫央　その理由は分かっているんですか。

ローマ教皇守護霊　分からない。

●バチカンが中国に……　2018年9月22日、バチカン（ローマ法王庁）が、司教任命権の問題で中国と暫定《ざんてい》合意に至ったと発表。中国が任命した教会組織「中国天《てん》主教《しゅきょう》愛国会」の司教7名の正統性をバチカンが認めることが盛り込まれることになった。

大川紫央　では、どうやって呼びかけるんですか。

ローマ教皇守護霊　分からないけど、宗教者として思うところを述べなくてはいけないと思うんですが。「イエスの霊言」を読んで、私も苦しくなってきてしまって……。何かもう、バチカンが崩壊《ほうかい》していく感じがして……。

大川紫央　中国に負けちゃいましたからね。そして、イタリアは「一帯一路《いったいいちろ》」でいちばん狙《ねら》われていますしね。

ローマ教皇守護霊　「壁《かべ》をつくらず、橋を架《か》けろ」と言っていたのに、壁ができつつ……。

大川紫央　今は壁をつくったほうがよかったですよね。

ローマ教皇守護霊　壁だらけです。

大川紫央　トランプさんのやっていることの逆を言ってしまうから、余計、中国に加担していることになってしまっているのではないでしょうか。

ローマ教皇守護霊　うーん。「キリスト教徒を護《まも》れない」っていうことを、今日の本では強く言っていたので……。

大川紫央　そうですねえ。

ローマ教皇守護霊　ちょっとつらい。

大川紫央　おそらく、教皇がお祈りをしても、イエス様とはつながれないのではないでしょうか。

ローマ教皇守護霊　だから、教皇としても何らかの弁明が要《い》る。

大川紫央　弁明。コロナウィルスを祓《はら》えるのでしょうか。

ローマ教皇守護霊　いやあ、バチカンなんか二千人ぐらいしかいないから、うつったら、みんな逝《い》ってしまいます。

大川紫央　でも、「天意」らしいですよ。

ローマ教皇守護霊　「中国がやった」って言うなら、「天意」っていうのと一緒《いっしょ》にいかないから、分からない。

大川紫央　いや、中国が、そもそも、こういう計画を持っていたんですよ。ただ、中国自身も今回は被害《ひがい》を少し被《こうむ》ったんです。

ローマ教皇守護霊　だけど、そのまま認めたら、また世界で戦争やいがみ合いが増えることになるから。

「イエスの霊言《れいげん》」を信じない人でも、「法王の霊言」は信じる？

大川紫央　だから、ローマ教皇庁の……。

ローマ教皇守護霊　あなた、ローマ教皇をバカにしているでしょう？

大川紫央　バカにしていません。

ローマ教皇守護霊　「全然、役立たない」と思っているでしょう？

大川紫央　うーん。それはややそう思っています。

ローマ教皇守護霊　「普通《ふつう》の人間だ」と思っているでしょう？　悔《くや》しい。悔しい。悔しい。

大川紫央　ローマ教皇の「愛の思い」や「優《やさ》しさ」はよく分かるんですけど、やっぱり、今は、「正義」、「正邪《せいじゃ》」がちゃんと分かるぐらいの認識力を持たないと、このコロナと戦えないんです。

ローマ教皇守護霊　だけど、あなたに説教されるのは、私としてはとても不本意です。

大川紫央　でも、いちおう私も宗教者ですから。イエス様や釈尊《しゃくそん》の教えを受けています。

ローマ教皇守護霊　「イエスの霊言《れいげん》」を信じない人はいっぱいいいると思うんです。だけど、「法王の霊言」のほうだったら信じるかもしれない。

大川紫央　あの世からの「イエスの霊言」を信じないなら、今生きていらっしゃる「法王の霊言」は、もっと信じないのではないでしょうか。

ローマ教皇守護霊　いや、「イエスなんか降りるわけがない」と思っている人はいっぱいいるから。でも、「ローマ法王の〝あれ〟なら、出るかもしらん」と思っている人はいっぱいいる。「それだったら、ありえる」と思って。

大川紫央　生きているのにですか？

ローマ教皇守護霊　うん。生きているから。

大川紫央　「死んでいる人のほうが霊言をしやすい」と思うのでは？

ローマ教皇守護霊　イエスなんて、もう、古代の神様みたいに思われているから。

大川紫央　「本当にいるのかどうかすら分からない」と？

ローマ教皇守護霊　もう分からないですよ、「(古代の) 神だ」と思っていて……。

大川紫央　じゃあ、イエス様の光を受けて霊言ができますか？　あなたの本を読んだらコロナを撃退《げきたい》できますか？　それとも、逆に、ちょっと呼び込《こ》んでしまいますか？

ローマ教皇守護霊　ああ。イタリアで死んだ人たちの冥福《めいふく》を祈りたいなあ。

大川紫央　なるほど。

ローマ教皇守護霊　フランスもスペインも、カトリックの人たちの冥福を祈りたいね。

## 2 「宗教者である以上に政治家」という自覚

### 今回の「イエスの霊言《れいげん》」の内容をバチカンは認めないのか

大川紫央　あなたは、「今、来た」のですか。

ローマ教皇守護霊　あの（『イエス・キリストはコロナ・パンデミックをこう考える』の）「まえがき」「あとがき」を書いているのを聞いて、「ちょっと、これは大変なことになる」と思って……。

大川紫央　なんで？

ローマ教皇守護霊　キリスト教は崩壊《ほうかい》する。

大川紫央　あっ、このままだと崩壊してしまうのですか。

ローマ教皇守護霊　もう何もできないんじゃあ……。

大川紫央　分かりました。じゃあ、（「ローマ教皇守護霊の霊言《れいげん》」〔本書第一部 第1章〕の収録を）ちょっと考えますね。

ローマ教皇守護霊　でも、「救い」にならないか。「言い訳」にしかならないのか。

大川紫央　いや、言い訳が……。

ローマ教皇守護霊　あなたの頭のなかから、「●欲界転生《よくかいてんしょう》」っていう声が聞こえるんで。

大川紫央　（笑）欲界転生。

ローマ教皇守護霊　うーん。

大川紫央　いや、言い訳が霊言を通してスプレッドされて、「キリスト教徒としては、このローマ教皇の考え方でいいんだな」って思われ、結局、コロナが広がることにしかならないほうに行くんだったら、「それは大丈夫《だいじょうぶ》かなあ」と……。

ローマ教皇守護霊　でも、あれ（イエスの霊言）だと、イエスが、「中国が仕掛《しか》け人だから、中国に戦争を仕掛けろ」と、けしかけているようにしか取れない。

●欲界　地獄《じごく》・餓鬼《がき》・畜生《ちくしょう》・阿修羅《あしゅら》・人間・天上《てんじょう》の六道のこと。

大川紫央　えっ？　じゃあ、ローマ教皇庁は……。

ローマ教皇守護霊　それには反対ですよ。

大川紫央　とにかく戦争や紛争《ふんそう》には反対なんでしょう？

ローマ教皇守護霊　「イエスがそんなことを言う」ってことに対しては、やっぱり、それを公然と認めるわけにはいかないので。

大川紫央　あっ、神にもう歯向かっているではないですか。

ローマ教皇守護霊　だって、私はイエスの二千年前の教えに基《もと》づいて、やっているんで。

大川紫央　いえ、イエス様はけっこう激しいですよ、悪魔《あくま》に対して。

ローマ教皇守護霊　現代のイエスは答えたまわない、たぶん。

大川紫央　いや、「答えたもうた」んですよ。「答えたもうた」のに……。

ローマ教皇守護霊　だから、それを私たちは聞いていないんで。

大川紫央　あっ、ほら、聞いていないし、霊的にそういう機会があって聞いたとしても、「いや、それはイエスの教えと違《ちが》う」って……。それだと、弟子《でし》であるあなたたちがイエス様を判定していることになるんですよ。

ローマ教皇守護霊　そうですすよ。

大川紫央　それではコロナウィルスに罹《かか》りますすよ、いっぱい。

ローマ教皇守護霊　だって、イエスの教えからいって、「中国がそんな殺人兵器をつくって全世界にばら撒《ま》いたためにこうなったから、中国を襲《おそ》え」というような感じのことは……。

生物兵器ではなく「自然の猛威《もうい》」であれば、「天罰《てんばつ》」にできる

大川紫央　じゃあ、中国の武漢《ぶかん》で研究されていた生物兵器が、今、本当に使われているとしたら、ローマ教皇庁はどう言うんですか。中国が本当に犯人だった場合、どう対処しますか。

ローマ教皇守護霊　うーん。回心《かいしん》を勧《すす》めます。

大川紫央　（苦笑）いや、回心するような相手なら、こんなに世界は困らないんですよ。

ローマ教皇守護霊　だけど、そうだとしたら、「唯物論《ゆいぶつろん》による兵器攻撃《こうげき》が神への信《しん》仰《こう》に勝《まさ》る」ということを、証明していることになるので。

大川紫央　いや、だって、そもそも神への信仰が怪《あや》しいではないですか、そんなことを言っている時点で。神はもっと偉大《いだい》なんですよ。

ローマ教皇守護霊　「自然の猛威《もうい》」ということであれば……。

大川紫央　ええ、「自然の猛威」というようなことを言っているんですよ、教皇は。でも、「自然の猛威」とは違うんです。

ローマ教皇守護霊　（自然の猛威）だったら、「天罰《てんばつ》」って言い方はロジカルにいけるんですよ。「カトリック、ローマ法王を信じないから、こういうウィルスで大勢の人が死んでいるんだ。今こそ、キリスト教に改宗するんだ」と。
　でも、カトリック教徒がいっぱい死んでいるのは、ちょっと意味が分からない。

大川紫央　だから、そこには本当の信仰がないし、イエス様の本当の教えがもう形《けい》骸《がい》化しているんじゃないですか。

ローマ教皇守護霊　イタリアでほとんど死ななくて、ニューヨーク、ロサンゼルスでいっぱい死ぬなら、「やっぱりアメリカのトランプが間違っているからだ」って声明を出せるんですが、両方でいっぱい死んでいるために出せない。

大川紫央　ほら！　もうすでに〝あれ〟じゃないですか。コロナを使って、今まで自分が思っていたこと、「悪い人はこの人なんじゃないか」ってことを……。

ローマ教皇守護霊　われらは、「宗教者」である以上に、今、「政治家」なんで。

大川紫央　残念でしょうが、イエス様は中国よりトランプさんのほうに立っているんです。理解できますか。

ローマ教皇守護霊　それはおかしい。あれは「怒《いか》りの神」のヤハウェみたいなもんだろうから。

大川紫央　だから、認識力が高くなればなるほど、「善悪」とか「正邪《せいじゃ》」とかをちゃんと示されるんですよ、神様は。

磔《はりつけ》にされても逃《に》げないイエスは強いが、
ローマ教皇ならどうするかというと……。

ローマ教皇守護霊　「イエス様がイタリアの人をたくさん殺す」っていうのは納得《なっとく》がいかない。

大川紫央　イエス様の教えを受けて、みんな左翼《さよく》活動家のリベラルな発想になっていて……。

ローマ教皇守護霊　はあ（ため息）。

大川紫央　それで「キリスト教徒」のつもりでいるかもしれないけど、イエス様は、実は、「そこまでの左翼者ではない」という……。

ローマ教皇守護霊　ニューヨークでも、貧しい人たちがたくさん死んでいる。

大川紫央　それには心を痛めておられると思います。ただ、神様は「自助努力」の教えも言っておられるし、人間には本当はもっと強い力がいっぱいあるのに、自分たちで、そうやって、「かわいそうだ、かわいそうだ」と言い、力を抑《おさ》え込《こ》んでいるんです。逆に、ほかの人も。

ローマ教皇守護霊　いや、キリスト教の教えは、「人間は弱い存在だ」ということです。

大川紫央　いや、イエス様は「強い」じゃないですか。弱かったら磔《はりつけ》になんて遭《あ》わないですよ。

ローマ教皇守護霊　「弱い」から磔に遭ったんですよ。

大川紫央　いやいや、本当に弱かったら逃《に》げます。

ローマ教皇守護霊　弱かったから磔に遭ったんで。

大川紫央　弱い人は本当にすぐ逃げると思いますよ、「死ぬ」となったら。

ローマ教皇守護霊　弱いから磔になったんで。

大川紫央　「ローマ教皇を磔にする」と言われたら、そのまま突《つ》き進みますか?

ローマ教皇守護霊　「コロナが流行《はや》ったのはキリスト教に効果がないためで、その原因はローマ法王にある。ローマ法王を磔にし、火あぶりにする」っていうことなら、私はすぐ辞《や》めます。

大川紫央　でしょう?　「弱い」じゃないですか。

ローマ教皇守護霊　いや、それは……。うーん。それは……。やっぱり、そうなるでしょう。

大川紫央　だから、イエス様は「強かった」んですよ、本当は。弱い神なんじゃなくて。

ローマ教皇守護霊　うーん。いやあ……。

大川紫央　あと、この世の成功とか名誉《めいよ》とか、そういうものに執着《しゅうちゃく》している人は、「磔に遭う」っていうことになると、すぐ逃げますよ。

ローマ教皇守護霊　いや、今のウィルスの蔓延《まんえん》は、かつての「ローマの大火《たいか》」みたいなもので、これはキリスト教者を迫害《はくがい》するための〝あれ〟なんじゃないかなあ。

大川紫央　いや、だって、日本人も罹っているし、イスラム教徒も罹っている。

ローマ教皇守護霊　日本はキリスト教徒が少なすぎるから、神罰が落ちたのよ。

大川紫央　いや、だって、キリスト教国でも人々がコロナに罹っている。

ローマ教皇守護霊　やっぱり〝夜遊び〟が過ぎている。真剣《しんけん》に信仰していなくて……。

「イエスの霊言《れいげん》」であると信じられないローマ教皇守護霊

ローマ教皇守護霊　ああ、ああ、駄目《だめ》か。あまり「救い」にならないみたいですね、どうも、聞いてみたら。はい。分かりました。すみません。

大川紫央　いや、ある意味で、いろいろな人、世界の大多数の人の気持ちを代弁しているかもしれないから。

ローマ教皇守護霊　ただ、「イエスの霊言《れいげん》」に反応して来た。

大川紫央　「イエス様の霊言」と〝セット〟で出すと、真実味があるかもしれない。

ローマ教皇守護霊　お使いください。

大川紫央　よく分かるかもしれません、今は。

ローマ教皇守護霊　いや、あなたの言うとおり、「欲界転生」で……。

私は「人間」ですよ。「人間の意見」だからね。キリスト教で生業《なりわい》を立てている人間であり、世界に組織があるから、まあ、政治家でもあるんですけどね。

もしニューヨークだけでたくさん死んだら、トランプのせいにするつもりでいたんですが、これじゃあ、できない。

「イエスの霊言」のあとに出るのは失礼なのかなあ。分からないけど。

大川紫央　でも、イエス様の霊言が出ても、今、世界の人たちはあまり信じなくて、「こんなのイエスじゃない」とか言ったりするではないですか。

ローマ教皇守護霊　そうそう、そうそうそう。

大川紫央　それをすごく〝代弁〟はされているから。

ローマ教皇守護霊　バチカンでも信じないから。

大川紫央　だから、逆に、ローマ教皇の意見を読んで、「あっ、自分もそう思っていた」っていう人が出たら……。

ローマ教皇守護霊　あなたと同じく、（教皇を）「どうせ人間だ」と思っていて、「キリスト教者の人間が言っている」と思うから、そういうふうに思うでしょう。

大川紫央　いや、先日お話ししたときにも（本書第二部参照）、「愛の思い」がとても深くて、たいへん尊敬申し上げているんですけれども、現代に悪魔がいたとして、それを見破れなかったら、やっぱり、もう少し「認識力」を高めないといけません。

ローマ教皇守護霊　はい、はい。確かにね。

政党（幸福実現党）が（立党十一周年）大会をやっているけど、そっちを無視して録《と》ったらどうですか。

大川紫央　宗教のほうでやればいいですね。

ローマ教皇守護霊　ええ。

「霊言現象《れいげんげんしょう》」とは、あの世の霊存在の言葉を語り下ろす現象のことをいう。これは高度な悟《さと》りを開いた者に特有のものであり、「霊媒現象《れいばいげんしょう》」（トランス状態になって意識を失い、霊が一方的にしゃべる現象）とは異なる。

なお、「霊言」は、あくまでも霊人《れいじん》の意見であり、幸福の科学グループとしての見解と矛盾《むじゅん》する内容を含《ふく》む場合がある点、付記しておきたい。

# 〈付録〉遠藤周作《えんどうしゅうさく》の霊言《れいげん》

二〇二〇年四月二十五日　収録
幸福の科学　特別説法堂《せっぽうどう》にて

遠藤周作《えんどうしゅうさく》（一九二三〜一九九六）

作家。東京に生まれる。両親の離婚《りこん》のため十歳《さい》より神戸《こうべ》で育ち、十二歳のときにキリスト教の洗礼《せんれい》を受ける。旧制灘《なだ》中学校を卒業後、三年間の浪人《ろうにん》の後《のち》、慶應義《けいおうぎ》塾《じゅく》大学文学部予科に入学した。仏文科卒業後、戦後初の留学生としてフランスのリヨン大学に学び、帰国後、処女エッセイ集『フランスの大学生』を出版。『白い人』で芥川《あくたがわ》賞を受賞した。また、三十八歳のとき、肺結核《けっかく》のため三度の手術を受け、二年にわたる闘病《とうびょう》生活を送る。主な作品は、『沈黙《ちんもく》』『キリストの誕生』『深い河』など。狐狸庵山人《こりあんさんじん》を名乗り、ユーモアに富むエッセイも数多く発表した。

質問者

大川紫央《おおかわしお》（幸福の科学総裁補佐《ほさ》）

青木梢《あおきこずえ》（幸福の科学宗務《しゅうむ》本部第三秘書局部長代理）

［質問順。役職は収録時点のもの］

## なぜか現れた遠藤周作《えんどうしゅうさく》の霊《れい》

（編集注。本霊言《れいげん》は「ローマ教皇守護霊《しゅごれい》の霊言」〔本書第一部 第1章〕の収録直前に、作家の遠藤周作《えんどうしゅうさく》の霊が意見を言いに来て収録された。これにより、「ローマ教皇守護霊の霊言」収録は、予定より三十分遅《おく》れて開始されることになった。なお、収録時、背景に大川隆法総裁の瞑想修法《めいそうしゅうほう》の音声がかかっていた）

大川隆法　なぜ。……なぜこんなものが。おかしいなあ。

大川紫央　はい？

大川隆法　こんなものが来るはずが。「遠藤周作」などと言っているけれども、そんなものは来るはずが……。カトリックだからか。

大川紫央　あれ？　遠藤周作さんは、もう亡《な》くなっていますよね。

大川隆法　カトリックですので。『沈黙《ちんもく》』の遠藤周作さんです。

大川紫央　あっ、私がこの前、話題に出したからでしょうか。

大川隆法　出した？

大川紫央　「『沈黙』の宗教的迫害《はくがい》の世界がリアルに来そうな気がする」ということを、本で言いました。

大川隆法　遠藤周作……。カトリックです。

●『沈黙』の宗教的迫害の世界が……　『中国発・新型コロナウィルス 人類への教訓は何か』（幸福の科学出版刊）参照。

大川紫央　何をしに来たのですか。

大川隆法　いや、知りませんよ。法王の遣《つか》いか何か知りませんけれども（笑）。

大川紫央　遠藤周作さんが何ですか。

大川隆法　カトリック関係ですよ、これは。
何をしに来た……？
「沈黙《ちんもく》」が正しいのだから、神は何も言ってはいけない？

遠藤周作　わしも一言《ひとこと》、言いたいところなんだよ。

大川紫央　いや、（来なくて）いいですよ。何しに来たのですか。
それとも、ただ単にいるだけですか？

遠藤周作　いや、神は沈黙《ちんもく》しなきゃいけないんだ。

青木　沈黙してないですよ。

大川紫央　いや、神は沈黙しないんですよ。それは、あなたの心が〝曲がって〟いて聞こえなかっただけなんですよ。

遠藤周作　私は、〝日本作家協会〟の会長をしてたんだ。

大川紫央　いや、今、何を縁《えん》として来たのですか。

遠藤周作　「フライデー事件」のときには、幸福の科学のほうが間違《まちが》ってると反対したんだ。「言論の自由」を護《まも》らなきゃいけないんだ。ただ、神は「言論の自由」を持ってないんだって。神は沈黙しなくちゃいけない。

大川紫央　ああ、あなたみたいな、そういう不信仰《ふしんこう》の人々と、〝神よりも上になった人間〟がたくさんいるから、コロナウィルスが流行《はや》っているんですよ。

遠藤周作　「転ぶか、転ばないか」が大事なんで。

大川紫央　といいますか、今は地獄《じごく》にいるんですか。

遠藤周作　知らん。

大川紫央　いや、地獄でしょう?

遠藤周作　そんなの分かるか。

大川紫央　いや、地獄じゃないですか。

遠藤周作　ローマ法王と同じ心境なんで、分からん。「答え」がないんだって、祈《いの》ったって。

大川紫央　「答え」はありますよ。

遠藤周作　「ない」って言ってるんだよ。

大川紫央　ちゃんと話を聞いてください。

遠藤周作　『沈黙』って本を書いたんだから、ないんだ。

大川紫央　〝沈黙〟をビリビリッと破ってあげましょうか。

遠藤周作　沈黙が正しいんだ。神は何も言っちゃあいけない。

大川紫央　あなたは神なのですか。

遠藤周作　神は、だから沈黙なんだ。

大川紫央　それなら、なぜ神はいるのですか。

遠藤周作　いないんだよ。

大川紫央　いるんですよ！

遠藤周作　人間界にはいないの。

大川紫央　人間界にいないのであれば、どうやって『聖書《せいしょ》』ができたんですか。『コーラン』はどうやってできたんですか。

遠藤周作　神は答えない。だから、それ、みんな偽物《にせもの》。神は答えないから神なのよ。

大川紫央　それでは、宗教はすべて偽物ということになりますよ。

遠藤周作　ああ、人間がつくったもんです。

大川紫央　〝似非《えせ》宗教かぶれ〟をしないでください。

「神は、昔の小説家がつくったフィクション」

遠藤周作　神は想像の産物なんです。

大川紫央　（苦笑）

遠藤周作　だから、作家は成り立つんです。神はフィクションなんです。だから、ノンフィクションっていうのは間違いなんです、フィクションなんで。

大川紫央　やっぱり、今、当会が緊急発刊《きんきゅうはっかん》をしている状況《じょうきょう》と、コロナウィルスの状況下で、「神はいるか、いないか」という念力《ねんりき》戦をしているんじゃないですか。

遠藤周作　こういう、クリスチャンでも神を信じてない人はいるんだっていうことを知れ。神なんて、何も役に立ったこともないんで。ペストでも皆殺《みなごろ》し。スペイン風邪《かぜ》でも皆殺し。皆殺しにするんだ、神は放置して。

大川紫央　それは、あなたみたいな人間が、そういう思想を広めて人間を悪化させているから、ペストのようなものが流行って〝間引き〟されるのではないですか。

遠藤周作　私は、バチカンから勲章《くんしょう》ももらっとるんだよ。

●緊急発刊……　『イエス・キリストはコロナ・パンデミックをこう考える』を4月に緊急発刊した。

大川紫央　それでは、なぜバチカンを信じるんですか。あなたにとって、本当は宗教なんてないのでしょう？

遠藤周作　だから、人間がつくったものを信じとるんであって、神が創ったものを信じてないんで。

大川紫央　それは愚《おろ》かではないですか。結局、そういうものは、名誉《めいよ》が欲《ほ》しいからもらったわけですか。

遠藤周作　だから、「フィクションなんだ」って言ってる。だから、小説家がつくったもんなんだって、昔の。

大川紫央　宗教をフィクションだと思うなら、バチカンから賞をもらわないでくださいよ。

遠藤周作　同じ人間同士なんだからいいんだよ。

大川紫央　気持ち悪いです。

遠藤周作　人間の上下《うえした》があるんだから。

大川紫央　もう去っていただけますか。

遠藤周作　立てないんだ。沈黙しなきゃいけないから。

大川紫央　いや、あなたにはその権限がないでしょう。

遠藤周作 今、もう、棺《ひつぎ》に入ってるんだよ。

大川紫央 それならば、(キリスト教の大天使の)●ガブリエルを呼びますよ。

遠藤周作 棺に入ってるのよ、神は。

大川紫央 ガブリエルさん(手を二回叩《たた》く)。

遠藤周作 神はねえ。

大川紫央 ガブリエルさん(手を二回叩く)。

●ガブリエル いわゆる七大天使を代表する天使の1人。ユダヤ教・キリスト教・イスラム教において、神の言葉を伝える役割を持つと言われ、現代においても「通信の守護者」と信じられている。『大天使ガブリエルの霊言』(宗教法人幸福の科学刊)参照。

遠藤周作　絶対、語ってはいけないんで。

大川紫央　ガブリエルさん（手を三回叩く）。

遠藤周作　ガブリエルを呼んだって駄目《だめ》ですよ。

大川紫央　大天使ガブリエル（手を四回叩く）。

遠藤周作　ガブリエルは、あれ、イスラム教を伝えたと言われているので、それが嘘《うそ》かどうかがバレるところだから。

大川紫央　いや、嘘ではないですよ。●すでに当会で霊言をしていて、イスラム教にも関係はあるとおっしゃっていました。

●すでに当会で……　2014年6月26日に収録された「大天使ガブリエルの霊言」。『大天使ガブリエルの霊言』（前掲）参照。

遠藤周作 いや、嘘だよ、きっと。フィクションなんだよ。

大川紫央 （苦笑）

遠藤周作 まあ、イスラム教自体がフィクションなんで。だから、「神は直接に人間には降りない」と言われて、ガブリエルが仲介《ちゅうかい》して通信したということにしたんだよ。

「霊言現象《れいげんげんしょう》」とは、あの世の霊存在の言葉を語り下ろす現象のことをいう。これは高度な悟《さと》りを開いた者に特有のものであり、「霊媒現象《れいばいげんしょう》」（トランス状態になって意識を失い、霊が一方的にしゃべる現象）とは異なる。外国人霊の霊言の場合には、霊言現象を行う者の言語中枢《ちゅうすう》から、必要な言葉を選び出し、日本語で語ることも可能である。

また、人間の魂《たましい》は原則として六人のグループからなり、あの世に残っている「魂のきょうだい」の一人が守護霊《しゅごれい》を務めている。つまり、守護霊は、実は自分自身の魂の一部である。したがって、「守護霊の霊言」とは、いわば本人の潜在《せんざい》意識にアクセスしたものであり、その内容は、その人が潜在意識で考えていること（本心）と考えてよい。

なお、「霊言」は、あくまでも霊人《れいじん》の意見であり、幸福の科学グループとしての見解と矛盾《むじゅん》する内容を含《ふく》む場合がある点、付記しておきたい。

# 第二部　その人柄《ひとがら》と本心を探《さぐ》る

## ―ローマ教皇守護霊《しゅごれい》の霊言《れいげん》―

二〇二〇年一月十四日　収録

幸福の科学 特別説法堂《せっぽうどう》にて

フランシスコ
本書二十二ページ参照。

質問者
大川紫央《おおかわしお》（幸福の科学総裁補佐《ほさ》）
［役職は収録時点のもの］

# 1　核《かく》兵器や信仰《しんこう》に対する考え方

## フランシスコ教皇守護霊《しゅごれい》が現れる

（編集注。本霊言《れいげん》が収録された一月十四日の状況《じょうきょう》としては、新型コロナウィルスの流行が話題になる前で、中国武漢《ぶかん》市でコロナウィルスの集団感染《かんせん》は確認されていたものの、イタリアでは感染者は確認されていなかった。なお、本収録の十日ほど前、イランのソレイマニ司令官がアメリカに殺害され、両国関係が緊迫《きんぱく》化している状況だった。また、前年二〇一九年十一月、ローマ教皇としては三十八年ぶりに来日していた。

本霊言は、映画「2人のローマ教皇」●を鑑賞《かんしょう》し終わった大川隆法総裁のもとに、ローマ教皇フランシスコの守護霊《しゅごれい》が来て収録されたもので、収録時、背景に幸福の科学の英語経文《きょうもん》“The《ザ》 True《トゥルー》 Words《ワーズ》 Spoken《スポークン》 By《バイ》 Buddha《ブッダ》”の音声がかかっていた）

●「2人のローマ教皇」　映画「2人のローマ教皇」（2019年公開、Netflix）は、現ローマ教皇フランシスコと前教皇ベネディクト16世の対話を描いた作品。

大川紫央　誰《だれ》かいますか?

ローマ教皇守護霊　パ、パ、パパ。パパ、パパ、パパ、パパ。パパ。パパ。パパ。

大川紫央　「パパ」って、「教皇」じゃなくて?

ローマ教皇守護霊　パパ。

大川紫央　Are《アー》 you《ユー》 papa《パパ》?

ローマ教皇守護霊　イエス。パパ。

大川紫央　Are《アー》 you《ユー》 Pope《ポープ》?

ローマ教皇守護霊　イエス。

大川紫央　Good《グッド》 evening《イーブニング》. 現教皇ですか?

ローマ教皇守護霊　ああ。

大川紫央　ベルゴリオさん?

ローマ教皇守護霊　フランシス。

大川紫央　フランシス教皇?

ローマ教皇守護霊　パパ。ああ。
（約五秒間の沈黙《ちんもく》）フラン……。フランシ……。

大川紫央　フランシス、コ？

ローマ教皇守護霊　はあ（息を吐《は》く）。

大川紫央　アルゼンチン？

ローマ教皇守護霊　Yeah《イェア》（はい）。

大川紫央　夕方、少しお話をしたときに、「簡単な片言の日本語なら話せる」とおっしゃっていましたが……。

ローマ教皇守護霊　ああ。

大川紫央　大丈夫《だいじょうぶ》でしょうか。

ローマ教皇守護霊　英語と変わらないんで。

大川紫央　ああ、なるほど。

ローマ教皇守護霊　片言ね。

大川紫央　はい。すみません、私はスペイン語が話せないので。

ローマ教皇守護霊　いいよ。

## 映画「2人のローマ教皇」に対する感想

ローマ教皇守護霊　（約五秒間の沈黙）ああ、映画観《み》てたね。

大川紫央　はい。「2人のローマ教皇」という映画（二〇一九年公開、Netflix）を観させていただいていまして、そのときに、あなた様も（霊的に）いらっしゃいました。

ローマ教皇守護霊　うん。だね。アカデミー賞候補か。

大川紫央　そうですね。アンソニー・ホプキンスといった俳優さんたちが、ノミネートされています。

ローマ教皇守護霊　あまりいいことでないね。

大川紫央　そうですか。

ローマ教皇守護霊　教皇のスキャンダルとね、スキャンダル隠《がく》しねえ、映画にするのはよくないね。

大川紫央　本当は、あまりそういう題材にしてはいけないものですね。

ローマ教皇守護霊　うん、しちゃあいけないね。それは知られてはいけないね。見てきたように表現してはいけないね。ないことをあるように言っちゃいけないね。

## 日本の印象を述べ、核《かく》兵器の廃絶《はいぜつ》を訴《うった》える

大川紫央　この間、日本にもいらっしゃいました。

ローマ教皇守護霊　ああ、来たよ。

大川紫央　印象はどうでしたか。

ローマ教皇守護霊　長崎《ながさき》……。

大川紫央　はい。

ローマ教皇守護霊　広島……。

●この間……　ローマ教皇フランシスコは、2019年11月23日～26日の日程で日本を訪問。24日には長崎・広島にて演説し、25日には、東京ドームでミサを行った。

大川紫央　はい。

ローマ教皇守護霊　東京……。

大川紫央　はい。

ローマ教皇守護霊　ああ……、悲しかったね。

大川紫央　悲しかったのですか？

ローマ教皇守護霊　うん。

大川紫央　原爆《げんばく》がですか？

ローマ教皇守護霊　うーん、長崎、広島、悲しいね。はあ（ため息）。日本は、率先《そっせん》して、核《かく》兵器のない国ねえ、つくらなくちゃいけないね。ほかの国に働きかけなくちゃいけないね。

アメリカはねえ、世界中に核兵器ばら撒《ま》いているね。よくないね。日本人はねえ、原爆でたくさん死んだね。だから、「アメリカの原爆・水爆、もう要《い》らない」って言っていいんだよ。

大川紫央　教皇様も、アメリカと中国では、なかなかそれは言えないのでしょうか。

ローマ教皇守護霊　まあ、持っているからって、「護《まも》れる」もんでもないよ。持ってるから「攻撃《こうげき》される」こともあるからね。

大川紫央　はい。

ローマ教皇守護霊　北朝鮮《きたちょうせん》なんかも、その口さ。持ってるから国を護れているつもりだが、持ってるから攻撃されても文句《もんく》言えないね。

大川紫央　でも、今、イランは核をまだつくれていないのですけれども、攻撃をされました。

ローマ教皇守護霊　それは、本気になればね、ロシア製の核は入るよ。だから、戦えないわけではないけどね。

## 米軍基地がある日本は、北朝鮮《きたちょうせん》や中国に攻撃《こうげき》される？

ローマ教皇守護霊　だからねえ、物事は正しいかどうかが大事なんだ。バチカン市国だって、核で防衛してないよ。落とされたら終わるよ、小さいからね。一発で終わるよ。ただ、落とすことに正義がないように努力しているんでね。

まあ、日本ねえ、どう持っていくかは難しいけどね。うーん、でも、アメリカの抑止力《よくしりょく》が、日本をまた戦争に押《お》し込《こ》むかもしれないね。

大川紫央　アメリカの抑止力？

ローマ教皇守護霊　うん。「日本を護ってくれる」と思っているんだろうけどね。米軍基地があってね、アメリカが核ミサイル持っているからね。だから、北朝鮮《きたちょうせん》、中国、ロシアには、日本を攻撃《こうげき》する可能性はあるね。

大川紫央　ただ、今の中国の習近平《しゅうきんぺい》氏の思想だと、「二〇五〇年には（中国の一部になっていて）日本という国は地図にはない」というような計画があるらしいんですよ。

ローマ教皇守護霊　うーん。

大川紫央　「そもそも侵略《しんりゃく》したいのかな？」と思ってしまう計画をお持ちではあります。

ローマ教皇守護霊　中国の地図もないことで発表したらいい。

大川紫央　（苦笑）そうしたら、また喧嘩《けんか》になっちゃう。

ローマ教皇守護霊　うん？　インドに取られることにしたらいい。
「皆殺《みなごろ》しにされるなら、信仰《しんこう》は捨ててもいい」と語る教皇守護霊

大川紫央　今、中国では、キリスト教もかなり弾圧《だんあつ》はされていると思いますけれども、どう思われますか。

ローマ教皇守護霊　悲惨《ひさん》だよ。私たちには軍隊もないからね。ただ、軍隊があっても助けられないだろうね。

大川紫央　香港《ホンコン》はどう見ていらっしゃいますか。

ローマ教皇守護霊　香港は悲惨だね。

大川紫央　今、聖歌とかを歌いながらデモをしている人たちもいます。

ローマ教皇守護霊　うん。神の名を唱えても、現代ではミサイルを防いでくれないねえ。

大川紫央　中国に対して、香港はどうあるべきだと思いますか。

ローマ教皇守護霊　中国は「信仰《しんこう》を持つな」と言うんだろうね。

大川紫央　はい。

ローマ教皇守護霊　団結しやすいからね。

大川紫央　唯物論《ゆいぶつろん》でもありますので。

ローマ教皇守護霊　（香港では）キリスト教は全部じゃないんで。仏教や道教《どうきょう》や、ほかのものもあるんでね。キリスト教徒も百万単位ではいるがね、七百万の全部じゃないんでね。

私は、「習近平に、みんながナチスのホロコーストみたいに皆殺《みなごろ》しにされるなら、信仰は捨ててもいい」と思うよ。

大川紫央　そうなんですか。

ローマ教皇守護霊　はい。

大川紫央　そうですか。

ローマ教皇守護霊　ええ。「命あっての神様」ですから。

大川紫央　あっ、「この世では、命を護ることが本当の神の恵《めぐ》みだ」と？

ローマ教皇守護霊　神は、香港の七百万人が皆殺しにされることを、望んでおられないと思うし……。

大川紫央　それは望んでおられないと思います。

ローマ教皇守護霊　香港が占領《せんりょう》されないために、中国本土の人を核兵器で大量に殺すことも、望んでいないと思うよ。

大川紫央　じゃあ、一方的に「支配したい」と思っている、拡張欲のある国が登場しているときには、それに従ったほうがいいのですか。

ローマ教皇守護霊　歴史的には、そういうことはいくらでもあったし、イエズス会だって、地球の裏側まで軍隊と一緒《いっしょ》になって伝道したよ。

## 2　軍事政権下を生き延びた経験から来る発想

アルゼンチンの軍事独裁政権下を生き延び、後《のち》に教皇に

大川紫央　アルゼンチンにも軍事独裁政権があったと思いますけれども……。

ローマ教皇守護霊　そうだね。はい。

大川紫央　そのとき、人々はきっと、圧政の下《もと》で苦しみを受けたと思うんですよ。

ローマ教皇守護霊　大変だったよ。

大川紫央　命があったとしても……。

ローマ教皇守護霊　神父《しんぷ》もシスターも殺されたよ。

大川紫央　そうですね。

ローマ教皇守護霊　私は「妥協《だきょう》した」と言われてね。命生き長らえてポープ（ローマ教皇）になったことはねえ、神の意に適《かな》うかどうかは知らないよ。

大川紫央　そのときに、その抑圧《よくあつ》体制のなかで、そういう思想の下、本当は罪のない人たちが殺されるというような経験をされていると思うんですけれども、「そういう体制のほうに組み入れられてでも、生き長らえたほうがいい」と。

ローマ教皇守護霊　民《たみ》を救えない信仰《しんこう》は悲しいよ。
だから、結局、イギリスが戦いを挑《いど》んで……。軍部は「経済が弱い」からね。

大川紫央　サッチャー政権のときに、いちおう（アルゼンチンの）その軍事政権は崩壊《ほうかい》したみたいですけれども……。

ローマ教皇守護霊　うーん。「滅《ほろ》びてほしい」と思うところは、幾《いく》つかの国ではあるよ。タイとかね。

大川紫央　ああ、軍事政権を敷《し》いています。

ローマ教皇守護霊　そんなところにもあるしね。

## イランとの和解を「難しい」と述べ、イランの宗教事情に言及《げんきゅう》

ローマ教皇守護霊　でも、今、いちばん気にしてるのはイランのところなんだろうね。

大川紫央　そうですねえ。イランにも、今、「キリスト教国とイスラム教国の対決」のようなところもあると思うんですけれども……。

ローマ教皇守護霊　うん。

大川紫央　教皇として、どのように見ておられますか。

ローマ教皇守護霊　本心を人間として言えばね、トランプさんも極《きわ》めて独善的な人

●今、いちばん……　本霊言の収録当時（2020年1月14日）は、イランのソレイマニ司令官がアメリカのドローンによる空爆で殺害されたことを受け、イランが報復攻撃として弾道ミサイルを発射するなど、アメリカとイランの関係が緊迫化していた。

だから賛成じゃないけど、ただ、「イランと和解するのも難しいな」とは思っている。

大川紫央　うーん。

ローマ教皇守護霊　きかないだろう、言うことをね。

大川紫央　そういう話し合いの場を持とう……。

ローマ教皇守護霊　うーん、無理でしょ。

大川紫央　「難しそうだな」と？

ローマ教皇守護霊　ねえ。向こうは、核《かく》兵器持ったら、バチカンだって潰《つぶ》しにくるでしょ、おそらくはね。まあ、そういう国だろうね。

大川紫央　ただ、私たちは、今、こうして教皇様の霊的《れいてき》なご存在がお話ししてくださっているように、トランプさんの守護霊とか、イランの最高指導者や大統領の守護霊の声をお聴《き》きすることもできるんですけれども……。

ローマ教皇守護霊　うん、すごいね。それはすごいよ。

大川紫央　はい。私が個人的に聴いているかぎりでは、「●潜在《せんざい》意識の声だと、どちらかというと、トランプさんとか、キリスト教系の方のほうが、やっぱり、『イスラム教イコール悪』という方向に、けっこう行っているのかな」という気はするんですけどね。

●潜在意識の声だと……　『アメリカとイラン　和解への道―ソレイマニ司令官、トランプ大統領・ロウハニ大統領守護霊の霊言―』（幸福の科学出版刊）参照。

ローマ教皇守護霊　うん、すごく驕《おご》ってはいるね。

大川紫央　イスラム教の方たちは、そうは言っても、「自分たちの宗教は、もともとキリスト教もユダヤ教も認めてはいるんだ。そんな悪だと思ってはいない」と……。

ローマ教皇守護霊　今は認めてないね。

大川紫央　まあ、そうなんですね。

ローマ教皇守護霊　今は、イランにキリスト教伝道はできないよ。

大川紫央　キリスト教伝道はできなくても……。

ローマ教皇守護霊　仏教伝道もできないよ。転向したら死刑《しけい》だよ。

大川紫央　「キリスト教徒とイスラム教徒として、お互《たが》いに認め合う」ということは無理なんですかね。

ローマ教皇守護霊　だから、イスラム教徒は、例えば、イランから出てアメリカなりヨーロッパなりに来て、転宗することは可能だとは思うけど、国内なら殺される可能性が高いからね。

大川紫央　でも、ＣＮＮの人は、ソレイマニ氏の葬儀《そうぎ》などのとき、群衆が「ワー！」と言っているなかで、イランからきちんとレポートをしていました。

ローマ教皇守護霊　ただ、イラン人じゃないね。

大川紫央　「イラン人のキリスト教徒だと危ない」ということですね。

ローマ教皇守護霊　レポーターとして入ってるだけだから。

大川紫央　なるほど。

全体についての善悪を語れるかというと……

ローマ教皇守護霊　うーん。

（約五秒間の沈黙《ちんもく》）君たち日本人は、「無宗教」を語ってるから、無信仰でもあり、あらゆる信仰を受け入れるかたちでもあり、非常に分かりやすいようで分かりにくいような国家をつくっているからねえ。まあ、「日本が発信にはいいかな」と思ったんだがね。
私は軍事政権を見てきたから、軍隊による占領《せんりょう》や人々の弾圧《だんあつ》、惨殺《ざんさつ》は、もう見たくはないんでね。軍隊は一部いいときもあるけれども、九割がたは軍隊っていうのは悪いことをすると思うよ。うん、まあ、「警察が限度」だね。警察で十分で、それ以上はもう要《い》らない。

大川紫央　ただ、日本に原爆《げんばく》を落としたのは、キリスト教国なんですけれども。

ローマ教皇守護霊　うーん。

大川紫央　そこに関しては、教皇として、どう……。

ローマ教皇守護霊　そこの問題は難しいから、それは言えないけれども、カトリックも含《ふく》めて、キリスト教国が、ああ……（ため息）、植民地主義で世界を一周したからねえ。それで、いろんな国を、アジアの国やアフリカの国を植民地にしたよねえ。私は教皇だけれども、これについての正確なコメントができるほどの「権威《けんい》」がないのでね。過去の数百年の人たち、教皇たちが考えたことや、国王たちが考えたことを、全部裁くだけの立場にはないのでねえ。言えないけどね。

ただ、それは、今で見れば、すごい侵略行為《しんりゃくこうい》に見えたこともあったろうし、日本なんかでも、長崎《ながさき》？　原爆も落とされた長崎でクリスチャンが広がってねえ、それでいっぱい殺された、ねえ？　日本の国体に合わないから、たくさんのクリスチャンが、何万、何十万単位で殺されたね。

そういう失敗……、まあ、日本が侍《さむらい》国家だから、水際《みずぎわ》作戦をしたんだろうけどね。それだけの力がないところは、国ごと取られてるところもある。ペルーとかね、南米とかね、取られてるし。

まあ、このへんについて、全体についての善悪を語れるだけの「智慧《ちえ》」も「権威」も「権力」も「認識」も、私にはないね。すまない、人間なので。

大川紫央　いえいえ。

## アメリカが難民を引き受けることを願う

大川紫央　映画でも、「壁《かべ》」という言葉がよく出てきています。今つくられた映画なので、観《み》ていると、やはり、トランプさんの言う「壁」に対抗《たいこう》するものとしてでもあるのかなと思ったのですけれども。

ローマ教皇守護霊　軍事政権なんかに支配された国家からはねえ、人は逃《のが》れたい。だから、「逃れる自由」を与《あた》えてやらなければいけないから。壁をつくられたら逃《に》げられない。だから……、ふう……（ため息）。

大川紫央　「不法移民としてしか入国できない人たちもいるのだ」ということですか。

ローマ教皇守護霊　認めないでしょ、移民をね。だけど、行くところがないからね。エジプトや中南米の困っている人たちはね、行くところがないし。だいたい、南米のほうに行けば、アメリカ嫌《ぎら》いの人がいっぱいだからねえ。

大川紫央　ただ、メキシコあたりからの不法移民の場合、逃れたいという人たちだけではなく、麻薬《まやく》の組織の人などもけっこう入ってしまうため、そういう人たちに、辺境地帯のアメリカ人が殺害されたりすることもあるんですよね。

ローマ教皇守護霊　いやあ、でも、国が貧しいんだよ。貧しいから、自分の国がね。母国が豊かであればね、国から出たい人はいないよ。

だから、今、地中海も難民がね、いっぱい渡《わた》ってきてるよ。シリアやトルコからね。あるいは、もっと奥《おく》から来てるんだと思うけどねえ。それは、国が悪いからだろう？

大川紫央　うーん。

ローマ教皇守護霊　難民を受け入れないっていうのは分かるけどね。国の治安が悪くなるからねえ。でも、彼らは、母国にいたら殺されるんだよ。

だから、そこはね、生活レベルが下がるということが気になるんだろうけどねえ。パンがたくさんある国がね、まあ、パンとミルクとジュースがたくさんある国が、多少引き受けてくれないと、やっぱり、アメリカ・ファーストみたいに、みんなやられたら困るんだよねえ。

## アッシジのフランチェスコやイエス・キリストとの関係

大川紫央　教皇様は、アルゼンチンにいたときから、貧困問題について熱心に取り組まれています。

ローマ教皇守護霊　そうだね。

大川紫央　おそらく、飾《かざ》らない、とても親しみやすい方ということなのだと思います。さらに、「フランシスコ」という教皇のお名前は、「貧しい人々のことを忘れないでほしい」という意味も込《こ》められていて、「アッシジのフランチェスコ」から取られているということなんですけれども。

ローマ教皇守護霊　そうです、そうです。

大川紫央　アッシジのフランチェスコはご存じですか。

ローマ教皇守護霊　それは、ずっと偉《えら》い人でしょう。

大川紫央　なるほど。

ローマ教皇守護霊　私なんかより。それは、今のほうが、法王は権威があるだろうが、フランチェスコには権威はなかったが……、「霊威《れいい》」があったよねえ。「霊的な権威」があったよね。

大川紫央　では、やはり、アッシジのフランチェスコさんを尊敬されているということですか。

ローマ教皇守護霊　それは、ずーっとずーっと、イエスに近い人でしょう。

大川紫央　なるほど。夕方に来られたとき、「イエス様とお会いできますか」とお訊《き》きしたら、「遠いですね」とはおっしゃっていました。

ローマ教皇守護霊　あっ、無理、無理、無理、無理。もうずーっと偉い。もうねえ、いやあ、ドバイの……。

大川紫央　いちばん高いビル？

ローマ教皇守護霊　八百メートル以上あるようなビルのいちばん上にいる人に、そんな土でつくった家に住んでる人が会えるわけがないでしょ。そんな感じですよ。

大川紫央　イメージとしては、そのくらい遠い方ということですね。

ローマ教皇守護霊　私なんか、〝地上の人間〟と変わらないですから。

大川紫央　でも、ある意味、教皇になられても、とても謙虚《けんきょ》で、慢心《まんしん》や驕りなどがない方なのだなということは、お話をしていてよく分かるのですけれども。

ローマ教皇守護霊　いや、そんなことはないですよ。
だからねえ、「弱い」んですよ。人間として弱くて、「恐怖心《きょうふしん》」が強いんですよ。だって、知ってる人たちがたくさん捕《つか》まって、殺されていって。で、神様に祈《いの》ったり懺悔《ざんげ》したりしても、誰《だれ》も救われないでみんな殺されていくのをねえ、盾《たて》になって護《まも》ってやることもできず、そして、その軍の司令官とねえ、なるべく友達になることによって懐柔《かいじゅう》しようとする努力をしてたぐらいで、自分だけが生き延びて。正直に反対してた人たちは、聖職者たちも「皆殺《みなごろ》し」ですから。

だから、無力、もう、無力、無力、無力……、無力ですよ。ローマ法王だって無力ですよ。北京《ペキン》に対しても無力、アメリカ合衆国に対しても無力ですよ。日本で叫《さけ》んでも、結局、暖簾《のれん》に腕押《うでお》しみたいな感じで、どっかで叫んだけど、「山のあなた」に声が飛んでいってしまって、帰ってこない。こだまはなかった。日本のキリスト教者は弱い。政治的力がない。まったくないね。

「戦争のない平和な世界」を望み、対立を嫌《きら》う

大川紫央　ある意味、今の香港《ホンコン》だと、まだ声を上げられるぐらいの余地があるのではないですか。

ローマ教皇守護霊　まあ、香港の人たちは豊かですからね。最後は、国外にまだ逃

げるチャンスはあるだろうとは思いますから。アルゼンチンのときの、軍政をやられるところまでは来てないとは思うんですよ。自由を取り返すために戦ってますからね。

まあ、それはまだ抑《おさ》えは利《き》いているし、香港の豊かさ、繁栄《はんえい》を、中国も失いたくはないからね、本当はね。いちばん、外国との貿易で儲《もう》かるところだからね。そのへんがあるからね、簡単にミサイルを撃《う》ち込みたくはないよね。あのビルを全部壊《こわ》したら、もう廃墟《はいきょ》ですからね。知ってるから、それはねえ。

まあ、そのへんの駆《か》け引きでしょうけど。台湾《たいわん》が勝ったんでね、たぶん台湾・香港がすごく親密になって、台湾ともうひとつつながるところ……、アメリカ、イギリス、日本とつながって、生き延びていこうとするでしょうねえ、たぶんね。

大川紫央　教皇様としては、声を上げたら即《そく》殺されるような国にいたことがあるところが、根本的には、いろいろな思想のもとになられているところがありますよね。

●台湾が勝った……　本霊言収録3日前の2020年1月11日投開票の台湾総統選において、中国に対抗する姿勢を取っている蔡英文《さいえいぶん》氏が、過去最多の得票で再選した。

ローマ教皇守護霊　だから、イラク、イラン、シリアとか、みんなかわいそうですよ。どうすることもできない。ねえ？　内戦でね、苦しむのは一般市民《いっぱん》ですよ。

何が正しいかも、もう分からないですよ。何でもいいから、「秩序《ちつじょ》」と「安定」が欲《ほ》しいでしょうねえ。で、戦争してたら、職業さえ成り立たないんで、もう。

だから、私は「戦争のない、平和な世界がいい」と思っていますから。単に対立することだけがいいとは思ってないんですけどね。

## 「自《みずか》ら進んで〝ホロコースト〟にならなくていい」

ローマ教皇守護霊　だから、先ほど、法王として、実に情けないことを申しました。「香港の人たち、殺されるぐらいなら、キリスト教は捨てなさい」と、「仏教も道教《どうきょう》も捨てなさい」って言ったけど、いやあ……、心のなかで信じてたらいいんですよ、本当はね。それをかたちに表してね、戦車と戦うのは、やはり無理です。たくさんの死体を見てきたから、私は。もう嫌《いや》ですねえ。

大川紫央　でも、香港の場合、今、戦わなければ、逆に中国のなかに組み入れられて、最悪、アルゼンチンで経験されたような環境《かんきょう》に近い状態になりうる可能性もあるではないですか。それでも、最終的にはアルゼンチン時代の独裁政権下のときのような生活であったとしても、今、戦わずに生きたほうがいいということですか。

ローマ教皇守護霊　やっぱり、火炎瓶《かえんびん》を投げ出したら、いつ戦車が入ってくるかなあって、心配は心配ね。

だから、中国本土のなかも、公式の教会もアンダーグラウンドの教会もたくさんあるけどねえ。一億人もいるとは言われてるけど、私たちもつかむことはできない。

その司教の任命権ねえ、本当はローマはあるんだけれども、ローマというかバチカンがあるけど、習近平《しゅうきんぺい》は「よこせ」と言っている。「よこせば、安全を確保してやる。よこさなければ殺す」っていうねえ。そういうときは、私ね、性格弱いんでね、「殺されるなら寝返《ねがえ》っていい」って言っちゃうんですよ。すいません。

大川紫央　いや、うーん、でも、神々も、そうおっしゃるときもあるのではないかとは思うんですよ。時期を見て、またやらなければいけないときもあるでしょうし。

ローマ教皇守護霊　ふうー……（息を吐《は》く）。まあ……。

大川紫央　ただ、心のなかでは信仰を持っておいたほうがいいとは思いますけれども。

ローマ教皇守護霊　ええ、習近平だって、いつかは死ぬからね。だから、いつまでも続くわけじゃあない。別な人が立つ場合もあるからねえ。

ただ、自《みずか》ら進んで〝ホロコースト〟にならなくていいとは思うけど。日本は強くて、抵抗《ていこう》したから、原爆を落とされるところまで行ったんでしょう？　だから、アメリカ、ハワイを奇襲《きしゅう》するところまで行ったんでしょう。

ワン・ワールド、ツー・ワールドトレードセンターを壊したイスラムのテロは、日本のまねをしたんだろうから、結局。そんな力もないのに、そういう戦争を仕掛《しか》けるから、国ごと蹂躙《じゅうりん》されて、たくさんの人、何十万人もの人が死にましたね。

だから、まあ、テロリーダーも気をつけなきゃ、やっぱり、いけないね。責任は、自分だけでなくて、ほかの人にもかかるからねえ。

## 敵に口実を与《あた》えないよう、上手に生き延びてきた

大川紫央　でも、教皇様は、アルゼンチンの軍事独裁政権時代を過ごしたときに、心のなかで信仰を持ち続けて頑張《がんば》っていたら、ほかの国であるイギリスの影響《えいきょう》もあって、アルゼンチンの軍事独裁政権が崩壊しました。それで生き延びることができ

たということですよね。そういう発言になるということですよね。

ローマ教皇守護霊　そう。あまり強硬《きょうこう》すぎると、向こうの思う壺《つぼ》になって、口実を与《あた》えることもあるからね。まあ、上手にやらないといけないよね。

だから、日本のクリスチャンたちも、過去でも日本の武将に殺されているし、アメリカにも殺されたし。ねえ？「長崎」に（原爆を）落とすなんて、すごい皮肉だね。

大川紫央　確かに。日本のなかでキリスト教徒が最も多くいた地なのに……。

ローマ教皇守護霊　ねえ？

まあ、次は沖縄《おきなわ》とかもね、米軍基地があるから「攻撃《こうげき》される」のか、米軍基地があるから「安全」なのか。それは、住民はみんな、不安で眠《ねむ》れない気持ちでしょうね。

## 3　弱者救済の強い思い

### 「弱い者の味方でなければいけないと、いつも思っている」

大川紫央　ただ、今の中国の感じだと、米軍基地があるなしにかかわらず……、なかったとしても、おそらく、「これ幸い」と思って攻《せ》めてきたいでしょうね、特に沖縄《おきなわ》とかは。どのみち、領土として押《お》さえていきたいという計画を持っているから、本当は米軍基地がないほうが危ないとは思いますけれどもね。

ローマ教皇守護霊　まあ、日本が勝ったこともあるからね。一度負けたけど、あと、勝った回数も多いからね。それだけの準備ができるかもしれないけどね。それは九州や沖縄が強ければ、台湾《たいわん》が取られず、香港《ホンコン》は取られずということもあるのかもしれない。
このへんは、私も政治家じゃないから、よくは分かりませんけどね。
ただ、何て言うか、うーん……、できたら中国で平和の革命が起きたらいいですね。

**大川紫央**　そうですね。信仰《しんこう》もちゃんと認められるような世界が広がらないと……。

**ローマ教皇守護霊**　まあ、唯物論《ゆいぶつろん》は、私だってそれは好きじゃないけどね。
ただ、私はね、イエスの弟子《でし》の末席にいる者として、やっぱり弱い者の味方でなきゃいけないとは思っているんですよ。強い者の味方はほかにも……。強い者は自《みずか》らが解決するからね。「弱い者の味方でなければいけない」と、いつも思っているので。いつも、「迫害《はくがい》される側の人、弾圧《だんあつ》される側の人たちをどうやって助けるか、あるいは護《まも》れるか、逃《に》がせるか」、そういうことを考えてしまうんですよね。

「アメリカの『善悪の判断基準』は極《きわ》めて曖昧《あいまい》」と考えるローマ教皇守護霊

大川紫央　でも、今、イランの人たちも、一方では損得の価値観等を超《こ》えて……。今、トランプさんの交渉《こうしょう》の仕方を見ていると、総裁先生もおっしゃっているのですが、損得で人は動くところがあるので、「ビジネスマン風の交渉の仕方」をしているのですけれども。

ローマ教皇守護霊　少しは効いているんでしょうけどね。

大川紫央　はい。中国や北朝鮮《きたちょうせん》等には、少し効いているところもあるのですけれども。

ローマ教皇守護霊　ただ、何て言うかなあ、軍事侵攻《しんこう》をする理由でね、トランプさんのほうで、勝手に経済制裁を科して生活を苦しくしていって、政府に〝暴動〟を起こさせて、その〝暴動〟に乗じて「民《たみ》を助ける」と称《しょう》して軍事侵攻するとかいうのは、国盗《くにと》り物語の基本的なかたちなので。

大川紫央　う－ん。まあ、ちょっと正々堂々ではないといいますか……。

ローマ教皇守護霊　あんまり私はすっきりしないねえ。

大川紫央　私も、それはそうなのですけれども。

ローマ教皇守護霊　だから、何もなくて独裁政権が人をいっぱい殺して殺してしているというのなら、それは潰《つぶ》さなきゃいけないと思う。ポル・ポトみたいな政権なら潰すべきだけど。

大川紫央　はい。

ローマ教皇守護霊　アメリカの経済制裁によって苦しくなって民が暴《あば》れているというのに便乗して、「君たちを解放するために司令官を殺して、ミサイルをいっぱい撃《う》ち込《こ》んで軍事政権を倒《たお》してやる」と言っているんだろうけど、ここには「善悪の判断基準」は極《きわ》めて曖昧《あいまい》なものがある。

大川紫央　そういうふうに仕向ける作戦をいろいろとやっているとも言われていますけれども……。

ローマ教皇守護霊　メキシコに対して壁《かべ》をつくっているアメリカがね、イランに対しては軍隊ごと侵略していくんだろう?

大川紫央　うーん。

ローマ教皇守護霊　だから、ねえ？　このへんの考え方はどうなんだろうかという気はするけどね。

「成功の驕《おご》りで、他国を占領《せんりょう》したり攻撃《こうげき》したりしてはいけない」

大川紫央　イランの方たちも、やはり、「そこに正義というものがないのではないか」とおっしゃってはいました。あと、「そうは言っても、自分たちの国の民族や宗教としての文化、誇《ほこ》りなど、そういうものを捨てたいとは思わない」と。

ローマ教皇守護霊　まあ、イスラム教も、トランプさんから見れば、なんでか分からないが、十何億人も世界にいることにはなっているからねえ。

●イランの方たちも……　『イランの反論　ロウハニ大統領・ハメネイ師 守護霊、ホメイニ師の霊言』『アメリカには見えない　イランの本心―ハメネイ師守護霊・ソレイマニ司令官の霊言―』（共に幸福の科学出版刊）参照。

だから、九百万のイスラエルを護るためだけにアメリカがイスラム圏《けん》を征服《せいふく》するというのは、やっぱり、そう簡単には納得《なっとく》しないだろうね。「時代的に遅《おく》れているから」という言い方はあるけど、そういう国はいくらでも……。

大川紫央　ありますからね。

ローマ教皇守護霊　あるからねえ。それはしかたがない。産業革命がまだ起きていないだろうからね。

ヨーロッパほど進んでいないからといっても、ヨーロッパは豊かなんであってね。だから、助ける義務があるんだと思うけどね。

まあ……、私はそのへんになったら、もう難しくて分かりませんけどね。ただ平和のメッセージを出すのが限度で。祈《いの》っても祈っても、イエスの姿なんか見えませんよ。イエス様、どこに行っているんでしょうかね。

大川紫央　でも、今、教皇様のお話をお伺《うかが》いしても、世界全体のいろいろな国の「弱者」や「虐《しいた》げられている方々」に対する愛をとても感じるので、教皇様としてそういう思いを持ってくださっていることには感謝しています。

ローマ教皇守護霊　イスラム教も、貧しい人たちを平等に扱《あつか》おうとしてはいるんだと思うんですよ。だから、貧しい国に広がっているでしょう？　アフリカとかね。

大川紫央　はい。

ローマ教皇守護霊　だけど、中国の共産主義だって、本当は弱者の味方のはずだったんだけどね、実際は違《ちが》う方向に動いているでしょう？

だから、キリスト教の信仰を持っている人で、弱者の味方という考え方も、やっぱり必要だとは思いますよ。キリスト教国では成功している国も多いけどね。それが驕《おご》りになってね、ほかのところを占領《せんりょう》したり攻撃《こうげき》したりばっかりしちゃいけないんじゃないかなあ。

## 4　中国に対する複雑な思い

### 全体主義や共産主義と戦ったイエスの魂《たましい》の分身たち

大川紫央　●イエス様も昨年末にお話をされて、「今の教皇も深い悩《なや》みのなかにあることでしょう」とおっしゃっていましたし、「文明や科学、軍事の戦いで宗教の優《ゆう》劣《れつ》が決まるわけでもないので、どちらが勝つかで優劣が決まるような戦いをしてほしくはない」というようなことをおっしゃっていましたけれども。

ローマ教皇守護霊　まあ、イエスもねえ、「政治」や「経済」はあんまり強くないですよ。だから、あんまりよく分からないんだろうとは思うし、『聖書《せいしょ》』にもあんまりそういうこ

●イエス様も……　『イエス　ヤイドロン　トス神の霊言』（幸福の科学出版刊）参照。

とは書いていないんでね。

大川紫央　ただ、私たちのハッピー・サイエンスでは、マスターがとても霊能力《れいのうりょく》をお持ちなので。例えば、ジョン・レノンとか……（笑）、ビートルズ。映画のなかでもちょっと出てきましたけれども。

ローマ教皇守護霊　はい、はい。

大川紫央　最近、ジョン・レノンさんやトルストイさんは、イエス様の魂《たましい》の一部分が仕事をしたお姿でもあるということが分かってきていまして。

ローマ教皇守護霊　そうなんですか。

●ジョン・レノンさんやトルストイさんは……　『ジョン・レノンの霊言』『トルストイ――人生に贈る言葉』（共に幸福の科学出版刊）等参照。

大川紫央　ジョン・レノンさんだと、「Revolution《レボリューション》」という歌のなかで毛沢東《もうたくとう》に対して明確に批判しているし、「Power to the People《パワー トゥ ザ ピープル》」もそういうところがあります。「全体主義」等に対して、きちんと戦うような気持ちを込《こ》めた活動も展開されてはいるので。

ローマ教皇守護霊　うん。でも、共産主義は七十年ももっていますからねえ。

大川紫央　うーん……。

ローマ教皇守護霊　だから倒《たお》せないでいるんでしょう？　簡単なものではない。「中国は好きではないが、米中の核《かく》戦争を望むとは言えない」

大川紫央　「経済」の〝皮〟だけを被《かぶ》って、今、生き延びているので……。

ローマ教皇守護霊　本当に悪い国なら、内部からもっと崩壊《ほうかい》が始まって、倒してくるとは思うけどね。外面《そとづら》をよくして見せているからね。分かりにくいんだろうと思う。

私も、中国は、そりゃそんな好きではないですよ。宗教を弾圧《だんあつ》し、地下教会まで弾圧し、人々の「内心の自由」まで奪《うば》って、教皇権まで奪おうとして、彼らの野心は、もう、ありあり見えているからね。「どこか強い国が立ちはだからなきゃいけない」とは思っていますよ。

大川紫央　まあ、結局、習近平《しゅうきんぺい》さん自体も、神にはなりたいんでしょうから。でも、今、やはり……。

ローマ教皇守護霊　ただね、教皇としてはね、だからといって、「アメリカと中国が核《かく》戦争してくれることを望む」とは、やっぱり言えない。

大川紫央　言えないですよね。

ローマ教皇守護霊　だから、何億もの人が死ぬようなことを、とてもじゃないが勧《すす》めたくはないんでね。やっぱり、平和であってほしいとは思うんで。

「中国に厳しく意見を言える人たちも必要だと思う」

大川紫央　でも、今、中国の「キリスト教の扱《あつか》い方」を見るかぎり、やはり、政治の下に宗教を置いて、神も法律で縛《しば》ろうとする戦いをしているようにも見えなくはありません。

ローマ教皇守護霊　まあ、情報をはっきりつかめないから分からないけどね。「ウイグル人とか、法輪功《ほうりんこう》の人とかを臓器移植のターゲットにしたりしている」とも言われているし、聞いていますからね。もし、そうなら、すごく非人道的なことが行われているんですけどね。

大川紫央　そうです。ウイグルもありますね。ウイグルだと、もう数百万人の単位で「洗脳」と「弾圧」とが行われていますね。

ローマ教皇守護霊　ええ……。あなたがたは、かなり〝お強い〟から、そういうことも厳しく言っているんだろうと思います。それは、そういう人たちも必要だと思いますよ。

大川紫央　ただ、意見を言える人は、誰《だれ》かが言わないと……。本当に困った人は「生き延びる」という手段もあると思うんですが、やはり、そのほかに、意見が言える立ち位置にある人たちがきちっと言わないと、よくはなっていかないのかなとは思いますけれどもね。実際に迫害《はくがい》されていますので。

ローマ教皇守護霊　うーん……。だから、まあ、マスター・オオカワがどこまでやられるかは、私は知りませんけれども、私が集めるぐらいの人は集められる人だと聞いてはいますので。

「中国の宗教弾圧《だんあつ》や洗脳を、神は喜ばれないだろうとは思う」

大川紫央　東京ドームにいらっしゃっていましたものね。

ローマ教皇守護霊　ええ。いや、私のは、ミサとか、かたちだけですから。別に、実力で集めているわけではありませんけどね。私なんかは、ほんと、下々《しもじも》の下《しも》、僕《しもべ》、キリスト教の僕にしかすぎないんで。

だから、「軍隊を伴《ともな》った伝道活動っていうのは、善か悪か」を歴史的に判断するのは、とても難しいことなんでね。「共産主義」だって、ある意味での、キリスト教の、何て言うかなあ、うーん……、政治的意見を代表しているように見えるところもあるんでね。難しいところはありますよね。

ただ、まあ……、「宗教はアヘンだから弾圧《だんあつ》する」って言うんなら、それは許せないし、「香港《ホンコン》の人たちが抵抗《ていこう》したり、ウイグルはイスラム教だから、全部洗脳する」って言うんなら、いやあ、私もイスラム教について判断するほどの資格はないけれども、やっぱり神は喜ばれないだろうなとは思っています。

大川紫央　うーん。まあ、唯物論《ゆいぶつろん》のほうが、人間もみんな殺しやすいですからね。

ローマ教皇守護霊　そりゃそうでしょう。

大川紫央　強大な欲を持った人が立ったときには。

ローマ教皇守護霊　そりゃそうでしょう。彼らは、「食料のあるかぎり人間を生かしてもいいが、なくなったら殺してもいい」と思っているでしょうからね。戦争は「食料のための戦争」でしょうから、ほとんど。「食料」と「資源」のための戦争でしょう。

だから、まあ、マスター・オオカワしか戦える人は、今、いないのかもしれないが。スピリチュアルな面と、この世的な面と、両方を併《あわ》せて正邪《せいじゃ》を判断できる人は、ほかにはいないのかもしれませんけどね。

## マスター・オオカワの教えの広がりを肯定《こうてい》する

大川紫央　「イエス様にも天なる父がいらっしゃる」ということがあると思うんですけれども。

ローマ教皇守護霊　あっ、はい。

大川紫央　それで、イスラム教にも、アッラーが……。まあ、「アッラー」は「神」という意味なので、エローヒム様という方がいらっしゃるんですけれども……。

ローマ教皇守護霊　ああ、まあ、そこまで行くと、もう、私の認識をはるかに超《こ》えてしまって分からないんで。

大川紫央　でも、今、世界の情勢を見ても、トランプさんの潜在《せんざい》意識下の意見などをお聴《き》きしていても、やはり、「イスラム教やキリスト教のもとを辿《たど》れば、一《いっ》なる神からいろいろな教えが出ている」というところをみなさんに知ってもらわないと、戦争はなくならないのではないかな、と痛感はしているんですけれども。

●エローヒム　地球系霊団の至高神であるエル・カンターレの本体意識の1つ。約1億5千万年前、今の中東に近い地域に下生《げしょう》し、「光と闇の違い」「善悪の違い」を中心に、智慧を示す教えを説いた。『信仰の法』（幸福の科学出版刊）等参照。

ローマ教皇守護霊　うーん……。まあ、いいんじゃないですか。マスター・オオカワの教えが、アメリカやカナダや、香港や台湾《たいわん》や、ウイグルやイランや、いろんなところに広がっていることは、よろしいんじゃないですか。
　私たちにできないことを、やってくださっているんでしょうから。

## フランシスコ教皇守護霊が考えてほしい方向性とは

ローマ教皇守護霊　まあ、私の認識できる範囲《はんい》は狭《せま》いですけど。もう、そりゃ、ローマ教皇庁も、システム的にはかなり古いシステムですので。
　日本の天皇制だって、何も実権はないんでしょう？　ねえ？　神の言葉を取り次いで、「ああしろ、こうしろ」と言うことは、何もないんでしょう？

大川紫央　まあ、日本の皇室は、間違《まちが》えると、もう、信仰《しんこう》があまり理解できていない世界に入りつつあるのかもしれないですね。

ローマ教皇守護霊　私は、もう年だから、そう先はないから、分からないから、あとはお願いするしかないけれども。

ただ、何が正しいか分からなかったら、「弱者」や「困っている人」「迫害されている人」「命がもう限られている人」、こういう人たちを慰《なぐさ》める方向で考えてくれると、ありがたいなとは思っています。

イランのことは、「司令官を殺すのと、それと、まあ、ねえ？　住民、いやあ、女性とかを弾圧しているのと、どっちが悪いのか」、そんな簡単に分かることではありませんし、アメリカに、中東をそこまで蹂躙《じゅうりん》する権利があるかどうかは、私には分かりませんけどね。

## ＬＧＢＴについては、どう考えているのか

大川紫央　「ＬＧＢＴ」等は容認されるお立場ですか。

ローマ教皇守護霊　いやあ、迫害されている者は、結果が分かるまでは、なるべく擁護《ようご》しなければいけないとは思ってはおるんですけど。

大川紫央　迫害まで行くと、よろしくないですものね？

ローマ教皇守護霊　さあ、それが積極的な権利としていいかどうかは分からない。

大川紫央　ええ、ええ。

ローマ教皇守護霊　カトリックも、それは、「結婚《けっこん》して子供を産んで、家庭を大事にしてほしい」っていう考えは基本的には持ってはいますので、よくは分からないですがね。

「ＬＧＢＴ」とかを見れば、「イラン」とかは最強の敵でしょうけど。

大川紫央　まあ、そうですね。

ローマ教皇守護霊　おそらくはね。

## 5　過去世《かこぜ》や中東問題、トランプ大統領への見解

「日本には、昔、伝道に来て、捕《つか》まえられたことがある」

大川紫央　教皇様（の魂《たましい》）はずっとキリスト教徒でいらっしゃって、リインカーネーション（転生輪廻《てんしょうりんね》）は、あまりお分かりではないですかね？

ローマ教皇守護霊　いや、私なんかは、もう、下々《しもじも》の「下《しも》」なんで。

大川紫央　いえ、いえ、そんな……。

ローマ教皇守護霊　いや、どっかの〝キリスト教徒の端《はし》っこ〟にでもいた可能性は

あるけど。もう、何にも分からないです。

大川紫央　やはり、いちばん、キリスト教と関係がお深いですよね？　きっと。

ローマ教皇守護霊　まあ、今の仕事から見たら、そうなのかもしれませんが、キリスト教の昔の偉《えら》い人っていうのは、みんな、漁師《りょうし》とか、娼婦《しょうふ》とか、取税人とか、そんな人たちですので。

大川紫央　日本は、もう、「ない」ですか。

ローマ教皇守護霊　えっ？

大川紫央　日本にお生まれになったこととかは？

ローマ教皇守護霊　日本ですか。

大川紫央　日本語は、わりと上手にしゃべられていますので。

ローマ教皇守護霊　これでも上手ですか。

大川紫央　上手です、とても。

ローマ教皇守護霊　ありがとうございます。

大川紫央　ありがとうございます。

ローマ教皇守護霊　うーん、日本は、昔、来たことはある。昔ね。昔、伝道に来て、捕《つか》まえられたことがあると思います。

## 九州の戦国大名《だいみょう》に教えを伝え、クリスチャンにした

大川紫央　では、本当に長崎《ながさき》の島などに……。

ローマ教皇守護霊　うーん……。長崎だけではなかったかもしれないね。

大川紫央　江戸《えど》時代ですか。

ローマ教皇守護霊　だから、「戦国大名《だいみょう》」とかをつくる仕事を少しした記憶《きおく》はあるけど、だいぶ。

大川紫央　戦国大名をつくる？

ローマ教皇守護霊　戦国大名じゃなかった。えっと、〝キリスト教大名〟か。

大川紫央　はい、はい。

ローマ教皇守護霊　……を、九州とかでつくったり、「●大友宗麟《おおともそうりん》」とか、そんな人をつくったりとか。

大川紫央　うん？

ローマ教皇守護霊　大友宗麟。

●大友宗麟（1530～1587）　豊後《ぶんご》（大分県）を中心に治めていた戦国大名。キリスト教に入信したキリシタン大名でもあった。

大川紫央　ああ！

ローマ教皇守護霊　……とか、そういう人をつくったりとかした。

大川紫央　要するに、そういった人たちに教えを伝えたということですか。

ローマ教皇守護霊　うーん。九州の人たちにね、伝えて、そこの〝知事さん〟かな、今なら、……をクリスチャンにするようなことをした。

大川紫央　ふうーん。

ローマ教皇守護霊　調べれば、そりゃあ、神父《しんぷ》の名前ぐらいは出てくるでしょう。

大川紫央　ああー。その方に教えを伝えた人ということですね？

ローマ教皇守護霊　それは、出てくるでしょう。神父の名前ぐらいはね、きっとね。「ロドリゲスという名でザビエルと来日し、教えを説いた」

大川紫央　（約五秒間の沈黙《ちんもく》）では、本当にフランシスコ・ザビエルさんらと一緒《いっしょ》にいたということですね？

ローマ教皇守護霊　……になりますかね。

大川紫央　（約五秒間の沈黙）ザビエルさんというのは、パウロでしたかね？

ローマ教皇守護霊　うん、偉い方なんじゃないですか。

●ザビエルさんというのは……　以前の霊言において、天草四郎《あまくさしろう》の霊が、日本にキリスト教を広めたザビエルの過去世は「パウロ」であると明かしたことがある。『自由のために、戦うべきは今―習近平 vs. アグネス・チョウ 守護霊霊言―』（幸福の科学出版刊）参照。

大川紫央　では、その方と一緒にいらして、活動されていたんですね？

ローマ教皇守護霊　私なんかは、それは荷物運びですよ。

大川紫央　いや、いや、いや、いや。

ローマ教皇守護霊　十字架《じゅうじか》を持って、運んだりしていたぐらいのことでしょう。大名さんたちに、教えは説いたよ。

大川紫央　ああ、そうですか。

ローマ教皇守護霊　ことはあるよ。だから、日本語も……。

大川紫央　お上手ですね。

ローマ教皇守護霊　少し勉強はしたよ。でも、信者で殺された人も多かったよ。

大川紫央　うーん、なるほど。いやあ、本当に、おつらい経験はたくさんしてきていらっしゃるんですね。

ローマ教皇守護霊　ふう（息を吐《は》く）。（約五秒間の沈黙）まあ、何となく、「ロドリゲス」とか、そんな名前が聞こえてくるんだけどね。

大川紫央　ああー。ロドリゲスさん。

ローマ教皇守護霊　まあ、そんな名前、いっぱいいますから。誰《だれ》か分かりませんけどね。そんなような名前が、少し聞こえてはきますけどね。

## 自身がローマ教皇になったことを、どう思っているのか

大川紫央　でも、教皇になられるときに、最初は自分で「お役を辞《や》めよう」と思ってバチカン行きの航空機のチケットを取っていたら、同時に、バチカンのほうから、「バチカンに来い」という……。

ローマ教皇守護霊　前任（の教皇）はね、すごい〝政治家〟ですからね。あのね、あの方が……、有名な俳優さんが演じられている。

大川紫央　ああ、はい、はい。アンソニー・ホプキンスさん。

ローマ教皇守護霊　うーん。〝政治家〟だから。私が辞めると、すごい、「ローマ教皇庁の崩壊《ほうかい》」とか、「反乱」に見えるからね、取り込《こ》みにかかったんだと思いますけどね。スキャンダルもありましたから。贅沢《ぜいたく》したり、それから、男女間の問題とか、いろいろとスキャンダルが多かったからね。

だから、その正反対の人を持ってくることでね、教皇庁を護《まも》ろうとしたんだと思いますけどね。あちらのほうが政治力はあったんですね。その前の方は、もっとあったんですよね。

大川紫央　ああ、なるほど。

ローマ教皇守護霊　ヨハネ・パウロ二世とかは、すごい強い力を持っていましたね。

大川紫央　はい、はい。

あくまでも自《みずか》らを低くするフランシスコ教皇守護霊

大川紫央　（約五秒間の沈黙）日本に伝道に来られた当時のお名前は、ジョアン・ツズ・ロドリゲスさん？

ローマ教皇守護霊　まあ、「ロドリゲス」って名前は平凡《へいぼん》ですので、「太郎《たろう》さん」とか「次郎《じろう》さん」ぐらいの名前なんです。

大川紫央　（笑）はい。（約十秒間の沈黙）でも、そうは言っても、今日は天なる父の下《もと》に、今、（霊《れい》として）入っておられて……。

ローマ教皇守護霊　ああ、そうなんですか。

大川紫央　ええ。

ローマ教皇守護霊　もう、認識力が低くてね、この八百メートルも、あるいは一キロもあるビルの、いったいどのへんに今いるのかさえ、私には分からないんで。

大川紫央　では、ザビエルさんの弟子《でし》のようではあるということですね？

ローマ教皇守護霊　うん、だから、人夫《にんぷ》か何かですよ。

大川紫央　（笑）分かりました。

ローマ教皇守護霊　人足《にんそく》。

日本語はちょっとだけ勉強した、伝道のためにね。「デウス様（神様）」とか言いながらね。

## イスラム教やカトリックの人たちについて思うこと

大川紫央　でも、「教皇様が、世界の悲しみのなかにある方々のことを常に思ってくださっている」ということをお聞きできてよかったです。

ローマ教皇守護霊　イランやイラクの人たちね、信仰観《しんこう》について、私はよく分かりませんけれども、ただ、彼らを苦しめることが多くない方向を、できたら選びたいなあと思っているし。もう、千何百年も続いている宗教は、そんな簡単にね、大統領の任期ぐらいで引っ繰《く》り返せるような……、四年やら八年で引っ繰り返せるようなものではないと思いますよ。

だから、本当に神の教えでなければ衰退《すいたい》していくだろうし、広がっているなら、まだ救いがあるんでしょうよ。

大川紫央　うーん。億の単位でですね。

ローマ教皇守護霊　それについては、私らは分かりません。カトリックも十億人前後って言っていますが、本当の信仰心ある人が何人いるかは、ほんとに分からないし。

あるいは、あなたがたが言うように、カトリックのなかにこそ、今、〝腐敗菌《ふはいきん》〟が広がっているのかもしれないんでね。だいたい、イスラムが嫌《いや》がるようなことは、みんなカトリック……、もとのほうで流行《はや》っていることですからね。

## イスラエルやトランプ大統領をどう見ているか

大川紫央　イスラエルについては、どのように見ておられますか。

ローマ教皇守護霊　うーん。まあ、それは、不幸な過去があったしね。前教皇もドイツの人だったからね。それは、何とかしてあげなきゃいけない人たちであったことは間違《まちが》いないですね。

ただ、アラブの人たちを、アメリカに代わって〝皆殺《みなごろ》し〟するような立場まで行ったら、行きすぎだとは思ってますよ。

それに、また新しい難民がいっぱい現れてくるだろうからね。

アラブの人たちも、まあ、石油、これから厳しい目に遭《あ》うからね。やっぱり、石油以外の産業で食べていけるように努力しないといけないねえ。

イランがねえ、石油が売れなくなったら、もう、「ナツメヤシ」しかないんで、これは悲しいね。もうちょっと産業がないと。

大川紫央　日本人にとっては、お好み焼きのソースに使われているようなので、かなり大事なものではありますけれども……。

ローマ教皇守護霊　いや、それはちょっと悲しいね。大事なものであっても、ほかのもので代替《だいたい》できるでしょう。

大川紫央　そうですね。

ローマ教皇守護霊　それがなくてもいけるはずですから、それが「いい」っていうだけで。

大川紫央　はい。

ローマ教皇守護霊　なかったら、ほかのものに替《か》えられたら、向こうはゼロになるんでしょう、収入は。

トランプさんねえ、そうした〝兵糧攻《ひょうろうぜ》め〟、とてもうまいからね。すごく経済的に揺《ゆ》さぶってくるけどね。最後、成功すりゃあいいけどねえ、世界を破壊して終わられたら、困るね。そこだけ心配、とても心配なので。マスター・オオカワのほうに、そっちは、よく見ておいてほしい。

大川紫央　トランプさんも、キリスト教徒ではあるはずで、●ピール先生……。

ローマ教皇守護霊　半分ユダヤ教みたいなキリスト教徒ですけど。

大川紫央　うーん、なるほど。

ローマ教皇守護霊　娘《むすめ》夫《ふ》妻《さい》に引っ張られてますからね。

●ピール先生……　トランプ大統領は、『積極的考え方の力』で有名な牧師ノーマン・ビンセント・ピールを信奉しており、幸福の科学の霊査によれば、ピール牧師の霊はトランプ大統領の指導霊を務め、宗教的影響を与えている。『北朝鮮の実質ナンバー2　金《キム》与《ヨ》正《ジョン》の実像　守護霊インタビュー』（幸福の科学出版刊）参照。

大川紫央　うーん、でも、娘夫妻だけでもなさそうでしたね。霊的にお伺《うかが》いすると、娘夫婦は特に何も言わないという感じだったと思います。たぶん、ご自分の……。

ローマ教皇守護霊　ピールさんのキリスト教もね、キリスト教全体から見れば、ちょっと異端《いたん》ではあるからね。そんなに支持者が多いわけじゃない、まあ、アメリカで百万か、二百万ぐらいはいると思いますけどね。まあ、「ビジネスで成功する人たちのメンタリティーをつくる」ということなんでしょうけど、私たちには、そういうことはよく分からないんで。「お金儲《かねもう》けの方法」は、私たち分からないんで。

豊かなクリスチャンたちから寄付してもらえることは、ありがたいことだと思うけど、ただ、私たちが豊かになって、貧しい人たちの気持ちが分からなくなったら、駄目《だめ》だとは思ってます。

大川紫央　そうですね。

アッシジのフランチェスコやクララは、はるかに偉《えら》い方

大川紫央　ローマ教皇として、お祈《いの》りもされると思うのですけれども。

ローマ教皇守護霊　はい。

大川紫央　ご指導霊などはいらっしゃるのでしょうか。霊的に見て、霊的につながってアドバイスを下さるような方などは……。

ローマ教皇守護霊　それは、アッシジのフランチェスコが、はるか、はるか彼方《かなた》のエベレストの上にいるように見えるぐらいの私ですから。まあ、いるのは、バチカンに住んでる人たちの〝幽霊《ゆうれい》〟ぐらいでしょう。

大川紫央　いえいえ（笑）。クララさんなども遠いのでしょうか。

ローマ教皇守護霊　ああ……。すごい名前を出されましたね。それは、私たちから見りゃあ、もう、「聖母マリアに次ぐぐらい偉《えら》い」ぐらいに見えちゃうので。とてもじゃないですけど、私たちが近づけるような方ではありません。無理です。はるかに偉い方だと思います。

大川紫央　分かりました。

●クララ（1194 ～ 1253）　イタリアの修道女。裕福な家柄に生まれるも、それを捨てて、アッシジのフランチェスコの弟子となり、女子修道会「クララ会」を設立した。2018 年 5 月 5 日収録の霊言「聖クララの霊言『人として正しく生きる』」（幸福の科学の支部、拠点、精舎で公開）参照。

## 6　日本人へのメッセージ

### 「もう少し世界の人たちを助けようと思ってほしい」

大川紫央　では、最後に、せっかく日本語でメッセージを下さっていますので、この間も実際に日本に来てはくださったのですけれども、霊的《れいてき》な教皇様から、日本の方にメッセージがあればお願いいたします。

ローマ教皇守護霊　うーん。まあ、日本は少し停滞《ていたい》して、衰退《すいたい》の気運もあるとは聞いてはおりますけれども、まだまだ世界の、例えば、中南米やアフリカ、中央アジア、いろんなところの人々から見れば、はるかに優《すぐ》れた、豊かな生活を実現して、平和な国をつくることに成功しています。

どうか、「移民」も引き受けないで、人口減少で悩《なや》んでいる日本の考え方を少し改められて。やっぱり、神とか、仏でもいいけど、そうした神を信じるような人々をね、善良な人たちを、移民でもうちょっと引き受けてくださっても、日本では、「一億人」やそのくらいは、十分、生きていけるんじゃないでしょうか。

「農業」も弱ってるし、「漁業」も弱ってるし、田畑も耕す人がいなくなっている状態ですのでね。

そういう人たちを、もうちょっと受け入れてくれて、そして、技術を身につけてね、母国に帰して、〝国づくり〟になるようにしてあげる。そういう政策は取れるんじゃないかなあとは思っているんですよ。

だから、そういう「オブリゲーション（義務）」を負ってくれたら、うれしいなあ。

アメリカも、ある程度やったんでしょうし、イギリスもやったんでしょうけどね。

日本は、ほんとに、年二百人（収録時点）とか、そんなレベルでしょう。これじ

●年二百人……　2019 年 4 月、外国人就労を広げる新在留資格である「特定技能」が創設され、2019 年 11 月に発表された「特定技能」での在留外国人の数は 219 人だった。その後、増加はしている。

ゃあ、世界の需要《じゅよう》とは、全然合ってない。
でも、もしね、もし、本当に、「万の単位」の人が、日本でね、何年か技術を身につけてね、知識、教育を受けたりしてね。そして、「新しい産業」を、どういうふうにしたらいいのか、工場を、どう運営したらいいかが分かってね。国に帰って、産業を起こせたら、もっと、みんな、貧しさから解放されることになるからね。
だから、「もうちょっと、世界の人たちを助けようと思ってほしいなあ」と。クリスチャンでなくても、そういう気持ち、持ってくれたら、うれしいなあ。まあ、それを願いたい。

大川紫央　分かりました。「もうちょっと、世界のことも考える日本になってほしい」ということですね。

ローマ教皇守護霊　そう、そう。人口減少ばっかり心配してるけど、日本に来たい人、たくさんいるのに。入れてあげればいいのに。それは、「日本語を学習してください」ってお願いして、入れてあげればいいのにねえ。まあ、そう思いますよ。

大川紫央　分かりました。

日本の利害に関することについては、自主的に判断を

ローマ教皇守護霊　日本人は、「宗教」は明確でないけど、「道徳性」が高い国民だと思っていますから。

大川紫央　世界宗教レベルの宗教であれば、日本人はそれほど偏見《へんけん》というか、悪いようには思わないのではないかと思いますけれどもね。

ローマ教皇守護霊　うーん。もし、香港《ホンコン》や台湾《たいわん》等に有事があったときは、日本で受

け入れてあげる努力もしてあげてほしいと思うし。まあ、これからも、フィリピンとか、マレーシアとか、いろんなところで、いろんな戦いが起きるかもしれませんしね。

それから、ロシアとかも、仲良くなれるなら、なったほうがいいと思う。トランプさんは強硬《きょうこう》だから、ロシアは、日米同盟を用心して、日露《にちろ》平和条約が、なかなか結べないけどね。

でも、日本は独自の姿勢を取ったらいいよ。

湾岸にも、有志連合に入らずに、自衛隊を調査・研究のためだけに送って、安倍《あべ》さんは、三カ国ぐらい産油国を回ったんでしょう？　独自の立場を取った。だから、ロシアとかなんかも、やはり、独自の立場を取っていいんじゃないかな。

大川紫央　ロシアとも、日本としての付き合いをして……。

ローマ教皇守護霊　うん、そう、そう。アメリカが喧嘩《けんか》するかどうかみたいなのに、あんまり乗らなくても、日本の利害に関することに関しては、日本が自主的に判断するということでいいんじゃないかなあ。

ロシアだって、本当は、アメリカと戦えるほどの力は、今、ない。先の崩壊《ほうかい》からの立ち上がりを、今やってるところですからね。

まあ、北朝鮮《きたちょうせん》とかは、どうするかは問題で。「韓国《かんこく》」と「北朝鮮」は問題だけど、やっぱり、日本も、これは「アメリカと半分半分ぐらいの責任はある」と思わなければいけないんじゃないかなあ。まあ、中国と北朝鮮、韓国との関係ね。

韓国も、キリスト教が強い国なんだけどね。まあ、少し変えなきゃいけないこともあるわねえ。私も、何とかしたいとは思うが、変えられないでいます。あなたがたの努力を期待します。

## 幸福の科学を「とてもホープフルな宗教」と見ている

大川紫央　あと一点、質問なのですが、私たちも、マスター以外はみんな宗教修行《しゅぎょう》者《しゃ》なのですけれども、宗教者としての立場から、何かアドバイスがあれば、お願いいたします。

ローマ教皇守護霊　はあ……。

まあ、あなたがたは、とっても優れた人々のように感じます。われわれが、『聖《せい》書《しょ》』とか、ラテン語ぐらいの勉強を一生懸命《いっしょうけんめい》しているときに、現代社会の仕組みや学問も、だいぶやっておられて、宗教と融合《ゆうごう》されていらっしゃるようです。

だから、「とてもホープフルな宗教なんだろう」と思います。

私が見届けることはできませんが、おそらく時間的に見て。ただ、立派な影響力《えいきょうりょく》を残せる、「大きな宗教」になられて、世界をよい方向に引っ張っていってくれればいいと思うし。トランプさんやプーチンさんやハメネイさんみたいな力のある方々を説得する言葉を、私なんかは持っていないので、習近平《しゅうきんぺい》さんとかねえ、まあ、彼らを説得できる言葉をつくり出して、発信していけるようになってほしいですね。とても「ホープフルな宗教」だと思います。だから、いいんじゃないですか。

私たちが二千年前のこととしか思い浮《う》かべられないことを、あなたがた、現在ただいまに理解できているんでしょう？

大川紫央　ひとえに、マスター・リュウホウ・オオカワが教えてくださるので、私たちも、その方向性が分かるという……。

ローマ教皇守護霊　私たちはねえ、想像するしか……。「二千年前のイエスは、どうだったか」とか想像したり、書いたものから読み取ることができるが、「イエスが今いたら、何をなされるか」というようなことは、もう本当に、凡人《ぼんじん》の想像でしかないんでねえ。

大川紫央　信仰心《しんこうしん》がある人であれば、普通《ふつう》、「こういうときに、神様は、どうおっしゃるだろうか」と考えると思いますが、今、そういう、神にお訊《き》きしたいことを、奇跡《きせき》のように教えていただいている時代でもありますので。

「法王であっても、祈《いの》ってイエスが答えることはない」
「後《のち》の世の人たちをよろしく」

ローマ教皇守護霊　私たちが法王という立場に選挙で選ばれても、私が祈《いの》って、イエスが答えるということはない。まったく、ありませんので。一度もありません。そういうことはありませんので。

もし、マスター・オオカワがね、クリスチャンでないにもかかわらず、祈られたら、イエスが答えられるんなら、それはすごいことでしょう、おそらくね。

もし、私はよく分からないけど、イスラム教に心を向けて、アッラーに祈られて、アッラーの心が分かるなら、それはすごいことだろうと思います。

そういうことがあるということを、私は否定しません。ありえると思うし、東洋だから、仏陀《ぶっだ》が現れてくることだってありえることだろうと思ってます。

そういう、すごい時代に、もし、巡《めぐ》り合わせているなら、その大きな力を見たいなという気持ちはあります。

とにかく、私はもう年を取っておりますので、後《のち》の世の人たちをよろしくお願いします。

大川紫央　本当にありがとうございました。

ローマ教皇守護霊　はい。

# あとがき

霊としてのイエス・キリストの考えと、現職のローマ教皇の守護霊の考えの違いを対比させつつ、霊界で今のコロナ・パンデミックがどのように捉《とら》えられているかも明らかにしたかった。

第一部第1章では、当会から出している他の高級霊との意見の相違がはっきりしている。第二部では、一月時点でのローマ教皇の冷静な考えが表明されている。

私の予想では、このコロナ・パンデミックは一カ月や二カ月で沈静化するものではなく、人々はコロナウィルスとの共存をしていかねばならないだろう。

各国政府に頼るのではなく、独自でやれることをやって、生き抜いていくのが正解だ。また戦争の危機もあるが、独裁化、全体主義化を防ぎ、自由、人権、インデイペンデントであること（奴隷化《どれいか》されないこと）を大切にしたらよい。

そして、フランシスコ法王の無力感とは別に、真なる神への信仰心を強めることが大事だと思う。

二〇二〇年　五月一日

幸福《こうふく》の科学《かがく》グループ創始者兼総裁《そうししゃけんそうさい》　大川隆法《おおかわりゅうほう》

『ローマ教皇フランシスコ守護霊の霊言』関連書籍

『信仰の法』（大川隆法 著　幸福の科学出版刊）
『イエス・キリストはコロナ・パンデミックをこう考える』（同右）
『アメリカとイラン　和解への道――ソレイマニ司令官、
　トランプ大統領・ロウハニ大統領守護霊の霊言――』（同右）
『アメリカには見えない　イランの本心
　――ハメネイ師守護霊・ソレイマニ司令官の霊言――』（同右）
『イエス　ヤイドロン　トス神の霊言』（同右）
『自由のために、戦うべきは今
　――習近平 vs. アグネス・チョウ 守護霊霊言――』（同右）
『映画「沈黙―サイレンス―」にみる「信仰と踏み絵」
　――スコセッシ監督守護霊とのスピリチュアル対話――』（同右）

# ローマ教皇《きょうこう》フランシスコ守護霊《しゅごれい》の霊言《れいげん》

## ―コロナ・パンデミックによるバチカンの苦悶を語る―

2020年5月12日　初版第1刷

著　者　　大《おお》川《かわ》隆《りゅう》法《ほう》

発行所　　幸福の科学出版株式会社

〒107-0052 東京都港区赤坂2丁目10番8号
TEL(03)5573-7700
https://www.irhpress.co.jp/

印刷・製本　株式会社 研文社

落丁・乱丁本はおとりかえいたします

ISBN978-4-8233-0177-3 C0014
カバー，帯 LucaDaviddi / Shutterstock.com
帯 EPA＝時事
装丁・イラスト・写真（上記・パブリックドメインを除く）©幸福の科学

## 大川隆法 霊言シリーズ・新型コロナ感染・人類への未来予言

### イエス・キリストは コロナ・パンデミックを こう考える

中国発の新型コロナウィルス感染がキリスト教国で拡大している理由とは？ 天上界のイエスが、世界的な猛威への見解と「真実の救済」とは何かを語る。

1,400円

### 釈尊の未来予言

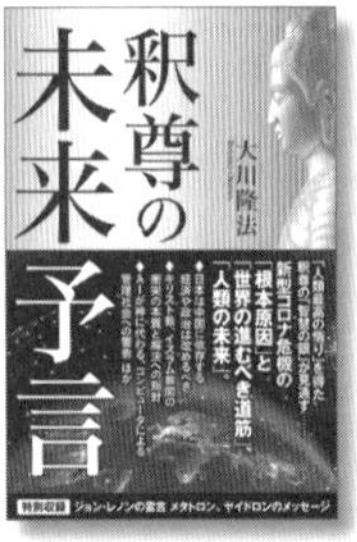


新型コロナ危機の今と、その先をどう読むか──。「アジアの光」と呼ばれた釈尊が、答えなき混沌の時代に、世界の進むべき道筋と人類の未来を指し示す。

1,400円

### 中国発・新型コロナウィルス 人類への教訓は何か

**北里柴三郎 R・A・ゴールの霊言**

未曾有のウィルス蔓延で、文明の岐路に立つ人類──。日本の細菌学の父による「対策の要点」と、宇宙の視点から見た「世界情勢の展望」が示される。

1,400円

### コロナ・パンデミックは どうなるか

**国之常立神 エドガー・ケイシー リーディング**

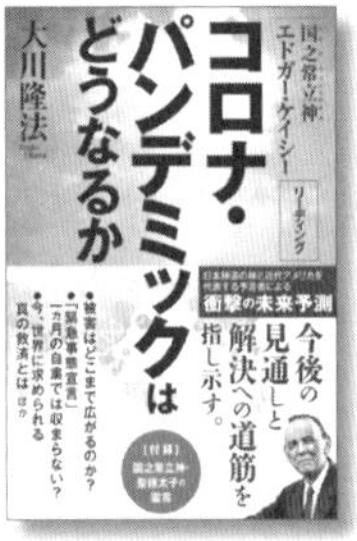


世界に拡大する新型コロナウィルス感染の終息の見通しは？ 日本神道の神と近代アメリカを代表する予言者が示す「衝撃の未来予測」と「解決への道筋」。

1,400円

※表示価格は本体価格（税別）です。

## 大川隆法ベストセラーズ・信仰による奇跡

### 新復活

**医学の「常識」を超えた奇跡の力**

最先端医療の医師たちを驚愕させた奇跡の実話。医学的には死んでいる状態から"復活"を遂げた、著者の「心の力」の秘密が明かされる。

1,600円

---

### 病《やまい》を乗り切るミラクルパワー

**常識を超えた「信仰心で治る力」**

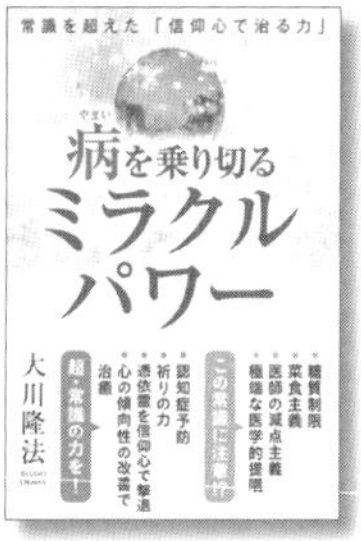


糖質制限、菜食主義、水分摂取——、その"常識"に注意。病気の霊的原因と対処法など、超・常識の健康法を公開！ 認知症、統合失調症等のＱＡも所収。

1,500円

---

### ザ・ヒーリングパワー

**病気はこうして治る**

ガン、心臓病、精神疾患、アトピー……。スピリチュアルな視点から「心と病気」のメカニズムを解明。この一冊があなたの病気に奇跡を起こす！

1,500円

---

### イエス・キリストの霊言

**映画「世界から希望が消えたなら。」で描かれる「新復活の奇跡」**

イエスが明かす、大川隆法総裁の身に起きた奇跡。エドガー・ケイシーの霊言、先端医療の医師たちの守護霊霊言、映画原案、トルストイの霊示も収録。

1,400円

---

幸福の科学出版

## 大川隆法 霊言シリーズ・イエス・キリストの魂の秘密に迫る

### イエス　ヤイドロン<br>トス神の霊言

**神々の考える現代的正義**

香港デモに正義はあるのか。LGBTの問題点とは。地球温暖化は人類の危機なのか。中東問題の解決に向けて。神々の語る「正義」と「未来」が人類に示される。

1,400円

### キリストの幸福論

失敗、挫折、苦難、困難、病気……。この世的な不幸に打ち克つ本当の幸福とは何か。2000年の時を超えてイエスが現代人に贈る奇跡のメッセージ！

1,500円

### ジョン・レノンの霊言

**天国から語る<br>「音楽」「愛と平和」「魂の秘密」**

ロック、ラブ＆ピース、キリスト発言、暗殺の真相、現代の世界情勢について。ビートルズとジョンを愛したすべての人へ、衝撃の真実をここに。

1,400円

### トルストイ<br>——人生に贈る言葉

ロシアが生んだ世界的文豪トルストイが、21世紀の日本人に贈る真の平和論、人生論。人類史をくつがえす衝撃の過去世も明らかに。

1,400円

※表示価格は本体価格(税別)です。

## 大川隆法霊言シリーズ・中国やキリスト教系左翼の考えに迫る

# 守護霊霊言　習近平の弁明

### 中国発・新型コロナウィルス蔓延に苦悩する指導者の本心

新型肺炎の全世界への感染拡大は「中国共産党崩壊」の序曲か——。中国政府の隠蔽体質の闇、人命軽視の悪を明らかにし、日本が取るべき正しい道筋を示す。

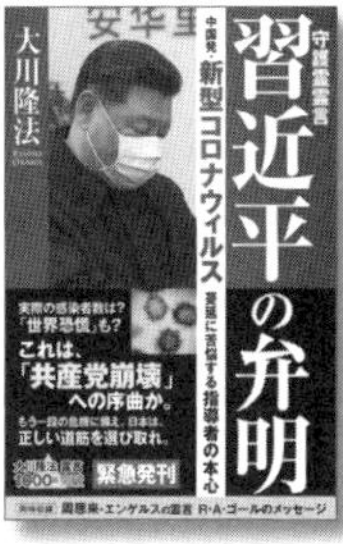


1,400円

# 毛沢東の霊言

### 中国覇権主義、暗黒の原点を探る

言論統制、覇権拡大、人民虐殺——、中国共産主義の根幹に隠された恐るべき真実とは。中国建国の父・毛沢東の虚像を打ち砕く必読の一書。

1,400円

# 映画「沈黙—サイレンス—」にみる「信仰と踏み絵」

### スコセッシ監督守護霊とのスピリチュアル対話

命が助かるなら、踏み絵を踏むべきか？遠藤周作の小説をもとに、ハリウッドの巨匠が描いた「神への不信」と「日本への偏見」。その問題点を検証する。

1,400円

# 遠藤周作の霊界談義

### 新・狐狸庵閑話

『沈黙』などの純文学やエッセイで知られる遠藤周作氏が霊界から語る、劣等感や恋愛に悩む人、高齢者へのユーモア溢れる虚虚実実のメッセージ。

1,400円

モナコ国際映画祭2020
最優秀作品賞
(エンジェル・トロフィー賞)
最優秀主演女優賞
最優秀助演女優賞
モナコ国際映画祭2020
最優秀VFX賞
最優秀長編物語賞
最優秀原作賞
ヒューストン
国際映画祭2020
長編ファンタジー・ホラー部門
ゴールド賞
最優秀作品賞
最優秀助演女優賞
最優秀長編作品賞
最優秀脚本賞
オニロス映画賞2020
最優秀ポスター賞
心の闇を、打ち破る。
心霊喫茶
「エクストラ」の秘密
—THE REAL EXORCIST—
製作総指揮・原作／大川隆法
千眼美子
伊良子未來 希島凜 日向丈 長谷川奈央 大浦龍宇一 芦川よしみ 折井あゆみ
監督／小田正鏡 脚本／大川咲也加 音楽／水澤有一 製作／幸福の科学出版 製作協力／ARI Production ニュースター・プロダクション
制作プロダクション／ジャンゴフィルム 配給／日活 配給協力／東京テアトル ©2020 IRH Press cafe-extra.jp
2020年5月15日(金) ロードショー

1991年7月15日、東京ドーム。
人類史を変える「歴史的瞬間」が誕生した。
――これは、映画を超えた真実。
夜明けを信じて。
2020年秋 ROADSHOW
製作総指揮・原作 大川隆法
田中宏明 千眼美子 長谷川奈央 芦川よしみ 石橋保
監督／赤羽博 音楽／水澤有一 脚本／大川咲也加 製作／幸福の科学出版 製作協力／ARI Production ニュースター・プロダクション
制作プロダクション／ジャンゴフィルム 配給／日活 配給協力／東京テアトル ©2020 IRH Press

# 幸福の科学グループのご案内

**宗教、教育、政治、出版などの活動を通じて、地球的ユートピアの実現を目指しています。**

## 幸福の科学

一九八六年に立宗。信仰の対象は、地球系霊団の最高大霊、主エル・カンターレ。世界百カ国以上の国々に信者を持ち、全人類救済という尊い使命のもと、信者は、「愛」と「悟り」と「ユートピア建設」の教えの実践、伝道に励んでいます。

（二〇二〇年五月現在）

### 愛

幸福の科学の「愛」とは、与える愛です。これは、仏教の慈悲《じひ》や布施《ふせ》の精神と同じことです。信者は、仏法真理をお伝えすることを通して、多くの方に幸福な人生を送っていただくための活動に励んでいます。

### 悟り

「悟り」とは、自らが仏の子であることを知るということです。教学《きょうがく》や精神統一によって心を磨き、智慧《ちえ》を得て悩みを解決すると共に、天使・菩薩《ぼさつ》の境地を目指し、より多くの人を救える力を身につけていきます。

### ユートピア建設

私たち人間は、地上に理想世界を建設するという尊い使命を持って生まれてきています。社会の悪を押しとどめ、善を推し進めるために、信者はさまざまな活動に積極的に参加しています。

国内外の世界で貧困や災害、心の病で苦しんでいる人々に対しては、現地メンバーや支援団体と連携して、物心両面にわたり、あらゆる手段で手を差し伸べています。

年間約２万人の自殺者を減らすため、全国各地で街頭キャンペーンを展開しています。

公式サイト **www.withyou-hs.net**

ヘレン・ケラーを理想として活動する、ハンディキャップを持つ方とボランティアの会です。視聴覚障害者、肢体不自由な方々に仏法真理を学んでいただくための、さまざまなサポートをしています。

公式サイト **www.helen-hs.net**

## 入会のご案内

幸福の科学では、大川隆法総裁が説く仏法真理《ぶっぽうしんり》をもとに、「どうすれば幸福になれるのか、また、他の人を幸福にできるのか」を学び、実践しています。

入 会

### 仏法真理を学んでみたい方へ

大川隆法総裁の教えを信じ、学ぼうとする方なら、どなたでも入会できます。入会された方には、『入会版「正心法語《しょうしんほうご》」』が授与されます。

ネット入会　入会ご希望の方はネットからも入会できます。
**happy-science.jp/joinus**

三帰《さんき》
誓願《せいがん》

### 信仰をさらに深めたい方へ

仏弟子としてさらに信仰を深めたい方は、仏《ぶっ》・法《ぽう》・僧《そう》の三宝《さんぽう》への帰依を誓う「三帰誓願式」を受けることができます。三帰誓願者には、『仏説・正心法語』『祈願文《きがんもん》①』『祈願文②』『エル・カンターレへの祈り』が授与されます。

幸福の科学 サービスセンター
TEL 03-5793-1727
受付時間/
火～金：10～20時
土・日祝：10～18時
（月曜を除く）

幸福の科学 公式サイト
happy-science.jp

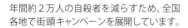

## 仏法真理塾「サクセスNo.1」

全国に本校・拠点・支部校を展開する、幸福の科学による信仰教育の機関です。小学生・中学生・高校生を対象に、信仰教育・徳育にウエイトを置きつつ、将来、社会人として活躍するための学力養成にも力を注いでいます。

TEL 03-5750-0751（東京本校）

**エンゼルプランV** TEL 03-5750-0757

幼少時からの心の教育を大切にして、信仰をベースにした幼児教育を行っています。

**不登校児支援スクール「ネバー・マインド」** TEL 03-5750-1741

心の面からのアプローチを重視して、不登校の子供たちを支援しています。

**ユー・アー・エンゼル！（あなたは天使！）運動**

一般社団法人 ユー・アー・エンゼル TEL 03-6426-7797

障害児の不安や悩みに取り組み、ご両親を励まし、勇気づける、
障害児支援のボランティア運動を展開しています。

**NPO活動支援**

学校からのいじめ追放を目指し、さまざまな社会提言をしています。また、各地でのシンポジウムや学校への啓発ポスター掲示等に取り組む一般財団法人「いじめから子供を守ろうネットワーク」を支援しています。

公式サイト mamoro.org ブログ blog.mamoro.org

相談窓口 TEL.03-5544-8989

## 百歳まで生きる会

「百歳まで生きる会」は、生涯現役人生を掲げ、友達づくり、生きがいづくりをめざしている幸福の科学のシニア信者の集まりです。

## シニア・プラン21

生涯反省で人生を再生・新生し、希望に満ちた生涯現役人生を生きる仏法真理道場です。定期的に開催される研修には、年齢を問わず、多くの方が参加しています。

全世界212カ所（国内197カ所、海外15カ所）で開校中。

【東京校】TEL 03-6384-0778 FAX 03-6384-0779

メール senior-plan@kofuku-no-kagaku.or.jp

# 幸福実現党

内憂外患《ないゆうがいかん》の国難に立ち向かうべく、2009年5月に幸福実現党を立党しました。創立者である大川隆法党総裁の精神的指導のもと、宗教だけでは解決できない問題に取り組み、幸福を具体化するための力になっています。

幸福実現党 釈量子サイト shaku-ryoko.net
Twitter 釈量子@shakuryokoで検索

党の機関紙
「幸福実現党NEWS」

## 幸福実現党 党員募集中

あなたも幸福を実現する政治に参画しませんか。

○幸福実現党の理念と綱領、政策に賛同する18歳以上の方なら、どなたでも参加いただけます。

○党費：正党員（年額5千円［学生 年額2千円］）、特別党員（年額10万円以上）、家族党員（年額2千円）

○党員資格は党費を入金された日から1年間です。

○正党員、特別党員の皆様には機関紙「幸福実現党NEWS（党員版）」（不定期発行）が送付されます。

＊申込書は、下記、幸福実現党公式サイトでダウンロードできます。
住所：〒107-0052　東京都港区赤坂2-10-8 6階 幸福実現党本部
TEL 03-6441-0754　FAX 03-6441-0764
公式サイト hr-party.jp

# 幸福の科学出版

大川隆法総裁の仏法真理の書を中心に、ビジネス、自己啓発、小説など、さまざまなジャンルの書籍・雑誌を出版しています。他にも、映画事業、文学・学術発展のための振興事業、テレビ・ラジオ番組の提供など、幸福の科学文化を広げる事業を行っています。

アー・ユー・ハッピー?
**are-you-happy.com**

ザ・リバティ
**the-liberty.com**

幸福の科学出版
TEL **03-5573-7700**
公式サイト **irhpress.co.jp**

THE FACT

**ザ・ファクト**
マスコミが報道しない
「事実」を世界に伝える
ネット・オピニオン番組

ザ・ファクト 検索

NEW STAR PRODUCTION

# ニュースター・プロダクション

「新時代の美」を創造する芸能プロダクションです。多くの方々に良き感化を与えられるような魅力あふれるタレントを世に送り出すべく、日々、活動しています。 公式サイト **newstarpro.co.jp**

ARI Production

# ARI《アリ》 Production《プロダクション》

タレント一人ひとりの個性や魅力を引き出し、「新時代を創造するエンターテインメント」をコンセプトに、世の中に精神的価値のある作品を提供していく芸能プロダクションです。 公式サイト **aripro.co.jp**

# 大川隆法　講演会のご案内

大川隆法総裁の講演会が全国各地で開催されています。講演のなかでは、毎回、「世界教師」としての立場から、幸福な人生を生きるための心の教えをはじめ、世界各地で起きている宗教対立、紛争、国際政治や経済といった時事問題に対する指針など、日本と世界がさらなる繁栄の未来を実現するための道筋が示されています。

2019年12月17日 さいたまスーパーアリーナ「新しき繁栄の時代へ」

2019年10月6日 ザ ウェスティン ハーバーキャッスル トロント(カナダ)「The Reason We Are Here」

2019年7月5日 福岡国際センター「人生に自信を持て」

2019年3月3日 グランド ハイアット 台北(台湾)「愛は憎しみを超えて」

2019年7月13日 ホテル イースト21東京「幸福への論点」

講演会には、どなたでもご参加いただけます。
最新の講演会の開催情報はこちらへ。⟹ 大川隆法総裁公式サイト https://ryuho-okawa.org